Positive Psychologie

Jörg Feuerborn

1. Auflage

Inhalt

Vorwort

Bereits in der Schule dreht sich alles darum, vermeintliche Schwachstellen durch Lernen auszumerzen. Auch im Job ist es nicht anders. Die Schwächen und Defizite der Mitarbeiter und Führungskräfte stehen im Fokus von Trainings, Seminaren und Weiterbildungen. Und die meisten Chefs beobachten mit Argusaugen, was schiefläuft, während sie alles Positive als selbstverständlich hinnehmen. Auch die psychologische Forschung konzentrierte sich bisher hauptsächlich auf die Defizite des Menschen, um sie in den Griff zu bekommen.

Doch trotz der vielen Konzepte und Therapien, die gegen die »Fehler« der Menschen angehen, sind wir nicht etwa stärker oder gesünder geworden. Im Gegenteil, die Anzahl der Stresserkrankungen steigt immer mehr an, der Leistungsdruck wird immer höher. Es ist also höchste Zeit umzudenken. Einen sehr guten Ansatz dafür bietet die Positive Psychologie. Sie rückt die Stärken und Ressourcen des Menschen in den Vordergrund. Wie Sie und Ihre Mitarbeiter von den Erkenntnissen der noch jungen Wissenschaft profitieren können, zeigt dieser TaschenGuide. Zahlreiche leicht umsetzbare und bewährte Übungen und Methoden helfen Ihnen dabei, mehr Freude, Motivation und Optimismus in Ihren Arbeitsalltag zu bringen.

Viel Erfolg auf dem Weg dahin wünscht Ihnen

Jörg Feuerborn

Weg von den Schwächen, hin zu den Stärken

Egal ob im Beruf, bei der Erziehung oder in der Medizin: Die meisten von uns sind fokussiert auf die Schwächen, »Fehler« und Defizite, die sie und ihre Mitmenschen haben. Was wäre aber, wenn wir uns auf die Faktoren konzentrierten, die dafür sorgen, dass wir glücklich, gesund, zufrieden und leistungsfähig werden und bleiben? Genau damit beschäftigt sich die Positive Psychologie.

In diesem Kapitel erfahren Sie u. a.,

- warum es höchste Zeit ist umzudenken,
- was alles möglich ist mit Positiver Psychologie,
- warum sie nachweislich wirkt,
- wie Sie im Job von den Erkenntnissen profitieren.

Warum es höchste Zeit ist umzudenken

»Schneller, höher, weiter!«, lautet die Devise heutzutage. Leistung ist das erklärte Ziel. Setzt uns das für sich genommen schon genug unter Druck, kommt sehr häufig noch hinzu, dass die Leistung aus der Perspektive der Defizitorientierung betrachtet wird: In der Schule werden immer noch vor allem Fehler korrigiert, in der Medizin Krankheiten erforscht und deren Symptome behandelt. Vielleicht haben Sie sich auch schon einmal gefragt, warum Krankenhäuser nicht Gesundheitshäuser heißen? Auch die psychologische Wissenschaft hat sich im letzten Jahrhundert vor allem auf die Schwächen und »Fehler« bzw. Defizite des Menschen fokussiert: auf die Heilung von psychischen Krankheiten.

Einen völlig anderen Weg geht die Positive Psychologie, ein noch junger Fachbereich der akademischen Psychologie. Hier dreht sich alles um die Frage, wie Menschen ihre Stärken und Ressourcen noch besser nutzen können. Die Positive Psychologie (oft mit PP abgekürzt) beschäftigt sich mit Optimismus, Hoffnung, Selbstwirksamkeit, Selbstwertgefühl, positiven Emotionen, Widerstandskraft, Glück, Dankbarkeit, Flow. Die Erforschung von Faktoren, die es ermöglichen ein erfüllteres Leben zu führen, brachte den damit befassten Psychologen lange Zeit nur wenig Aufmerksamkeit ein. Erst im Jahre 1998 schaffte es der US-amerikanische Psychologe Martin E. P. Seligman bei seiner Antrittsrede als Präsident der American Psychological Association (APA) die positive Ausrichtung der Forschungen in den Fokus zu rücken. Seitdem werden die empirischen Untersuchungen und Veröffentlichungen zu diesem Thema im Fachgebiet Positive Psychologie zusammengefasst.

Positive Psychologie für eine bessere Arbeitswelt

Wie notwendig ein Umdenken vor allem in unserer leistungsgeprägten Arbeitswelt ist, zeigen folgende Fakten:

- Seit dem Jahr 2000 haben sich die Krankmeldungen aufgrund von psychischer Belastung mehr als verdoppelt.

- Die Fehltage bedingt durch Burnout sind von 2004 bis 2012 um 1400 % gestiegen (Studie der Bundespsychotherapeutenkammer »Arbeitsunfähigkeit und psychische Erkrankungen 2012«, www.bptk.de).

- Die World Health Organization (WHO) geht davon aus, dass 2020 Depression die zweithäufigste Volkskrankheit sein wird (www.who.int).

Positive Psychologie kann helfen, dem vorzubeugen. Sie schafft einen Rahmen, in dem Mitarbeiter gesund und leistungsfähig sind und bleiben. Glück, Lebenszufriedenheit, Resilienz und Engagement bilden dafür das Fundament.

Was Positive Psychologie kann

Die Positive Psychologie fokussiert und fördert Ihre Stärken. Sie hilft Ihnen dabei, verborgene Potenziale zu erkennen und ans Licht zu bringen. Sie negiert nicht das Negative, sondern lenkt den Blick auf das, was funktioniert. Die Wirksamkeit ihrer Methoden und Interventionen ist größtenteils wissenschaftlich belegt.

Die aus der psychologischen Forschung gewonnenen Erkenntnisse zur PP finden immer mehr Anwendung in unterschiedlichen Lebensbereichen. Vor allem Unternehmen und deren Mitarbeiter können auf vielfältige Weise von ihnen profitieren und so z. B. ihre Leistungsfähigkeit und Widerstandskraft steigern.

Mehr Bindung an das Unternehmen

Wir alle erleben seit einigen Jahren einen rasanten Wandel in der Arbeitswelt. Aufgrund der zunehmenden Digitalisierung verändern sich viele Arbeitsplätze oder gehen ganz verloren. Die Anforderungen im Berufsalltag nehmen täglich zu. Innovationszyklen verkürzen sich; der globale Wettbewerb verstärkt sich weiter. Prozesse werden automatisiert. Hinzu kommen die demografischen Veränderungen in unserer Gesellschaft. In den nächsten Jahren werden viele Arbeitskräfte in Rente gehen. Dadurch geht den Unternehmen viel Erfahrung und Know-how verloren. Aufgrund der zurückgehenden Geburtenraten folgen immer weniger Menschen im erwerbsfähigen Alter nach. Gut ausgebildete und erfahrene Arbeitskräfte sind damit immer schwerer zu gewinnen. Schon jetzt herrscht in bestimmten Branchen ein akuter Fachkräftemangel. Offene Stellen bleiben immer länger unbesetzt. Laut einer Studie der Boston Consulting Group werden im Jahr 2030 bereits 6,1 Millionen Arbeitskräfte fehlen. Damit gewinnen Themen wie das Employer Branding und die Bindung der eigenen Mitarbeiter ans Unternehmen immer mehr an Bedeutung. Verlässt ein Mitarbeiter aus dem mittleren Management eine Firma, kostet das etwa das 1,5-fache seines Jahresgehalts.

Leben Sie die Grundsätze der Positiven Psychologie, steigern Sie die Anziehungskraft Ihres Unternehmens, Ihrer Abteilung oder Teams. Es herrscht dann eine positive Kultur, in der Stärken und Talente gefördert werden. Die Mitarbeiter gehen gerne zur Arbeit und überlegen es sich gut, ob ein Wechsel zur Konkurrenz sinnvoll ist. Die Folge: Die Mitarbeiter bleiben dem Unternehmen länger treu.

Mehr Engagement und Zufriedenheit im Job

Starke und engagierte Mitarbeiter denken mit, haben kreative Ideen, sind lösungsorientiert und vernetzen sich mit Kollegen, Kunden und Lieferanten. Sie gehen voll und ganz in ihrem Tun auf und sind mit dem Herzen dabei. Sie bauen ihre Stärken weiter aus, helfen den Kollegen und blicken über den Tellerrand hinaus. Ihnen ist die Aufgabe wichtig und sie wissen, wofür sie arbeiten. Sie gehen die »extra Meile« für sich selbst und das

Unternehmen. Ohne diese Mitarbeiter gäbe es wenig Innovationen und auch keine dauerhafte Zukunft für viele Unternehmen.

Die Situation in der aktuellen Arbeitswelt sieht jedoch anders aus. Das Gallup Institut untersucht jedes Jahr das Engagement der Arbeitnehmer in Deutschland. 2014 hatten 70 % der Befragten nur eine geringe emotionale Bindung an das Unternehmen und machten eher Dienst nach Vorschrift. 15 % haben bereits innerlich gekündigt. Nur 15 % bringen sich voll und ganz ein. Diese Zahlen signalisieren: Es muss sich etwas ändern in den Unternehmen. Und dies nicht nur, um eine Verbesserung der Produktivität und Rendite zu erreichen. Wenn Mitarbeiter mit mehr Freude und Wirksamkeit ihren Beruf ausüben, führt das zu einer Win-win-Situation für beide Seiten:

- Die Leistung der Mitarbeiter steigt.
- Die Kunden sind zufriedener.
- Es wird mehr Umsatz generiert.
- Die Fluktuationsquote wird geringer.
- Es gibt mehr Innovation.
- Die Mitarbeiter sind gesünder; die Fehlzeitenquote sinkt.

Und genau hier setzt die Positive Psychologie an. Sie erforscht Möglichkeiten, wie sich das Mitarbeiterengagement aktiv fördern lässt.

BEISPIEL

Den Mitarbeiter mit seinen Potenzialen in den Mittelpunkt stellen – das hat sich der Unternehmer Bodo Janssen, Geschäftsführer der Hotelkette Upstalsboom, 2010 auf die Fahne geschrieben. Er und sein Führungsteam haben sich auf den Weg gemacht und ihr Führungsverständnis von Grund auf verändert. Sie haben die Mitarbeiter stärker eingebunden, nicht mehr die Zahlen, sondern den Menschen in den Mittelpunkt gestellt und mithilfe der Positiven Psychologie den Fokus auf das gelenkt, was funktioniert. Die Ergebnisse können sich sehen lassen: Die Zufriedenheit der ca. 600 Mitarbeiter stieg um 80 %. Die Krankheitsquote sank von 8 % auf unter 3 %. Die Unternehmensumsätze konnten verdoppelt werden, und der Ertrag stieg um 40 %.

In den folgenden Kapiteln zeige ich Ihnen, wie Sie die Erkenntnisse der Positiven Psychologie in Ihrem Berufsalltag einsetzen können, so z. B.

- als Führungskraft, um Ihren Führungsstil weiter zu optimieren, damit Ihre Mitarbeiter mit hundertprozentigem Engagement bei der Sache sind und aufblühen.

- um selbst mehr Freude und Erfüllung bei der Arbeit zu erleben.

- im Team, damit gegenseitige Unterstützung alltäglich wird und sich das gemeinsame innovative Potenzial entfalten kann.

Natürlich ist die Positive Psychologie kein Allheilmittel. Probleme wird es trotzdem noch geben. Diese zu erkennen ist auch wichtig. Es wird jedoch von Tag zu Tag leichter für Sie und Ihr Team, die Probleme offen anzusprechen und gemeinsam zu lösen. Schwierigkeiten werden so eher als Herausforderungen erlebt, an denen alle wachsen können. So werden Erfolge möglich und der Selbstwert steigt. Alle sind motivierter und engagierter.

Positive Psychologie: nahezu universell einsetzbar

Aber die Positive Psychologie kann noch mehr. Die Psychologin Daniela Blickhan, Vorsitzende des Deutschen Dachverbands für Positive Psychologie (DachPP), nennt die Gebiete, auf denen die noch junge Wissenschaft des Glücks eingesetzt werden kann (Blickhan, 2015).

Positive Psychologie verbessert ...	Wodurch?
... die Erziehung	Durch stärkeres Nutzen intrinsischer Motivation, positiver Gefühle und Kreativität
... die Psychotherapie	Durch Entwicklung von Ansätzen, die Hoffnung, Sinn und Selbstheilung unterstützen
... das Familienleben	Durch ein besseres Verständnis der Dynamik von Liebe und der gegenseitigen Unterstützung auch über Generationen hinweg
... die Arbeitszufriedenheit	Indem man Menschen dabei hilft, Teilhabe an ihrer Arbeit zu erfahren, dabei Flow zu erleben und ihnen das Gefühl gibt, einen echten Beitrag zum großen Ganzen zu leisten
... Organisationen und Gesellschaften	Indem entdeckt wird, welches die Voraussetzungen sind, die Vertrauen, Kommunikation und Hilfsbereitschaft zwischen Menschen fördern

Mehr als nur Theorie

Die Erkenntnisse aus der noch jungen Wissenschaft des Glücks sind für uns im Alltag von großem Nutzen und haben in vielen Lebensbereichen praktische Relevanz. Die Wirksamkeit zentraler Methoden und Interventionen aus der Positiven Psychologie ist wissenschaftlich belegt.

BEISPIEL

> Untersuchungen brachten ans Licht, dass Menschen mit einem pessimistischen Denkstil nachweislich häufiger eine Depression entwickeln als Optimisten. Doch auch Pessimisten dürfen hoffen, denn Studien haben ergeben, dass einfache tägliche Übungen es ihnen möglich machen, glücklicher und zufriedener zu werden. So hilft es, wenn sie jeden Tag über ihre Stärken schreiben oder jeden Abend vor dem Einschlafen die drei schönsten Momente des Tages notieren und sich vergegenwärtigen, was Sie selbst dazu beigetragen haben.

Hinzukommt, dass Sie sie sehr leicht in den eigenen beruflichen Alltag integrieren können, wie Sie in den folgenden Kapiteln feststellen werden. Sie profitieren also von einem praxisnah anwendbarem Wissen basierend auf einem wissenschaftlichen Fundament.

Sind Sie glücklich mit Ihrem Job?

Sie möchten sich auf den Weg machen und das Positive in Ihrem beruflichen Leben verstärken? Dann ist es zunächst wichtig für Sie zu wissen, wo Sie gerade stehen und wie Sie Ihren Status quo zu Ihrer Zufriedenheit wahrnehmen. Doch wie lässt sich das messen? Ein technisches Messgerät gibt es dafür natürlich nicht. Weiterhelfen kann hier allerdings die sog. Satisfaction with Life Scale (SWLS), die 1985 erstmalig veröffentlicht wurde (Diener/Emmons/Larsen/Griffin, The Satisfaction with Life Scale, Journal of Personality Assessment, 49, 71 – 75).

Die SWLS ist normalerweise auf alle Lebensbereiche bezogen. Im Folgenden lernen Sie eine verkürzte Version für den beruflichen Lebensbereich kennen. Mit ihrer Hilfe können Sie in selbst definierten Zeitabständen Ihren aktuellen Zufriedenheitsgrad im Job bestimmen.

Test: Wie zufrieden sind Sie zurzeit mit Ihrer Arbeit?

Bitte tragen Sie in die Tabelle Werte für die jeweiligen Aussagen ein. 1 steht für: stimme überhaupt nicht zu, 6 steht für: stimme völlig zu.

Aussage	Wert
In den meisten Punkten kommt mein Arbeitsleben meinem Ideal nahe.	
Meine beruflichen Bedingungen sind hervorragend.	

Aussage	Wert
In bin mit meiner Arbeit zufrieden.	
Bisher habe ich die wesentlichen Dinge erreicht, die ich mir für meinen beruflichen Weg wünsche.	
Wenn ich meine berufliche Laufbahn noch einmal leben könnte, würde ich kaum etwas ändern.	
Summe:	

Zählen Sie alle Punkte zusammen und notieren Sie hier Ihren aktuellen Zufriedenheitswert:_____

Füllen Sie den Test hin und wieder neu aus und vergleichen Sie das Ergebnis mit dem Wert vom letzten Mal. Der Vergleich gibt Ihnen Aufschluss darüber, wie Sie sich in Bezug auf die eigene Positivität z. B. mit den in diesem TaschenGuide angebotenen Übungen entwickeln.

Natürlich können Sie den Fragebogen auch als Einstieg für den Weiterentwicklungsprozess bei Ihren Mitarbeitern nutzen. Er ist übrigens auch ein guter Ausgangspunkt, um einmal ganz generell mit einem Mitarbeiter über seine Zufriedenheit, seine Wünsche und Zukunftsvisionen zu sprechen. Wie wäre es, wenn Sie nach 4 bis 6 Wochen diesen Test erneut machten und eine deutliche Zufriedenheitssteigerung bei sich bzw. Ihren Mitarbeitern feststellten? Wenn Sie – im Dialog – herausfänden, welche Verhaltensweisen und neu etablierten Prozesse einen positiven Unterschied gemacht haben, was förderlich war, was Prozesse vereinfacht hat, womit Kunden zufriedener waren und welche

Erfolgsmomente erlebt wurden? Wie wäre dann die Stimmung in Ihrem Team? Wie würden Sie sich fühlen?

Auf einen Blick: Hin zu den Stärken

Die Fokussierung auf die Schwächen und Defizite von Menschen erzeugt Leistungsdruck und ein negatives Klima.

Die Positiven Psychologie untersucht, wie Menschen ihre Stärken und Ressourcen noch besser nutzen können.

Die Stärkenorientierung hat nachweislich positive Folgen in vielen Lebensbereichen: Sie macht Menschen zufriedener, leistungs- und widerstandsfähiger und Teams erfolgreicher.

Positive Psychologie wirkt auch im Job: Mitarbeiter, die nach deren Grundsätzen geführt werden, sind glücklicher und engagierter.

Stark im Berufsalltag

Wie gelingt es, Stärken zu stärken und schlummernde Potenziale zu aktivieren? Wie schaffen Sie es, dass Sie und Ihre Mitarbeiter im Alltag aufblühen, sich entfalten, stark bleiben und nicht im Hamsterrad ausbrennen? Die Positive Psychologie gibt Antworten auf diese Fragen.

In diesem Kapitel erfahren Sie u. a.,

- wie man Engagement im Job misst und entwickelt,
- wie jede Tätigkeit zur Berufung wird,
- welche Rolle die psychischen Grundbedürfnisse von Menschen spielen,
- wie Sie Mitarbeiter zur Höchstleistung bringen,
- wie Sie für nachhaltiges persönliches Wachstum sorgen.

Dem Mitarbeiterengagement auf der Spur

Stellen Sie sich vor, wie es wäre, wenn Sie und Ihre Mitarbeiter

- sich höhere Ziele setzten,
- stärker aus sich selbst heraus motiviert wären,
- Probleme als Herausforderung erlebten,
- länger und zielorientierter am Ball blieben,
- besser mit Stress umgehen könnten und insgesamt zufriedener mit Ihrem Leben wären,
- seltener krank würden.

Innerhalb der PP beschäftigen sich Arbeits- und Organisationspsychologen mit der Frage, wie Unternehmen und deren Führungskräfte genau das erreichen können.

Um eine Verbesserung feststellen zu können, muss man zunächst wissen, wie der Status quo ist. Wie steht es derzeit um Ihr Engagement und dem Ihrer Mitarbeiter? Wie können Sie möglichst leicht Ihre Ausgangssituation bestimmen, um damit auch Ihre Fortschritte erkennbar zu machen? Nach Arnold B. Bakker und Wilmar B. Schaufeli, Professoren für Arbeits- und Organisationspsychologie aus den Niederlanden, lässt sich das Engagement von Mitarbeitern in Organisationen durch drei Faktoren definieren: Vitalität, Einsatzbereitschaft und Absorption/ Flow. Auf dieser Grundlage entwickelten die beiden Forscher den UWES, die Utrecht Work Engagement Scale, mit der sich das Engagement der Mitarbeiter in Organisationen messen lässt.

Wie ist es um Ihr Engagement bestellt?

Testen Sie sich zunächst selbst. Wenn Sie für jeden der drei Faktoren maximal 10 Punkte vergeben könnten: Bei welchem Wert würden Sie landen?

Faktoren	Wert von 1 bis 10
Vitalität: Wie vital erleben Sie sich bei Ihrer Arbeit?	
Einsatzbereitschaft: Wie stark bringen Sie sich (gefühlt) ein?	
Absorption/Flow: Wie stark gehen Sie in der Tätigkeit auf?	
Ihre Gesamtpunktzahl:	

Welche Werte hätten Ihre Mitarbeiter? Nehmen Sie den Test zum Anlass, in den nächsten Mitarbeitergesprächen das Engagement zu thematisieren. Nutzen Sie die Methoden aus diesem TaschenGuide, um es gemeinsam zu steigern.

Wie zufrieden sind Ihre Mitarbeiter?

Das Gallup Institut hat einen Fragebogen entwickelt, um die Arbeitszufriedenheit zu messen: den sog. Gallup Q12®. Mit ihm können Sie herausfinden, wie zufrieden Ihre Mitarbeiter zurzeit mir ihrer Arbeit sind. Bitten Sie sie, die folgenden Aussagen auf einer Skala von 1 bis 5 zu bewerten (1 = stimme überhaupt nicht zu, 5 = stimme voll zu).

Gallup Q 12®-Fragen	Wert
Ich weiß, was im Job von mir erwartet wird.	
Ich kenne die Materialien und Arbeitsmittel, um meine Arbeit richtig zu machen.	
Ich habe bei der Arbeit jeden Tag die Gelegenheit, das zu tun, was ich am besten kann.	
Ich habe in den letzten sieben Tagen für gute Arbeit Anerkennung und Lob erhalten.	
Mein Vorgesetzter oder eine andere Person bei der Arbeit interessieren sich für mich als Mensch.	
Bei der Arbeit gib es jemanden, der mich in meiner Entwicklung fördert.	
Bei der Arbeit scheint meine Meinung zu zählen.	
Die Ziele/der Sinn meiner Firma geben mir das Gefühl, dass meine Arbeit wichtig ist.	
Meine Kollegen haben den inneren Antrieb, wirklich gute Arbeit zu leisten.	
Ich habe einen sehr guten Freund in der Firma.	
In den letzten sechs Monaten hat jemand mit mir über meine Fortschritte gesprochen.	
Im letzten Jahr hatte ich Gelegenheit, Neues zu lernen und mich weiterzuentwickeln.	
Meine Gesamtpunktzahl:	

Welche Punktzahl erreichen Sie? Was antworten die Mitarbeiter in Ihrer Abteilung, Ihrem Unternehmen? Bei welchen Aussagen sind die Werte besonders gering? Identifizieren Sie anhand der Antworten die Bereiche, in denen es gut läuft und wo es Handlungsbedarf gibt. Damit haben Sie eine ideale Grundlage, um sich gemeinsam auf den Weg zu mehr Arbeitszufriedenheit und Engagement zu machen.

- Sammeln Sie gemeinsam Ideen für mehr Zufriedenheit und Engagement im Alltag.
- Leiten Sie daraus konkrete Maßnahmen ab, z. B. mithilfe der Methoden aus diesem TaschenGuide.
- Vereinbaren Sie einen Zeitraum für die Umsetzung.
- Achten Sie im Alltag auf den positiven Unterschied.
- Setzen Sie sich einen Termin, zu dem Sie über das Ergebnis der vereinbarten Maßnahmen reflektieren.

Was beeinflusst das Mitarbeiterengagement?

Zum einen sind es Faktoren wie Geld, die Arbeitszeiten und -bedingungen, die das Engagement der Mitarbeiter beeinflussen. Zum anderen spielen auch weichere Faktoren eine große Rolle. Mitarbeiter stellen sich folgende Fragen: Kann ich mich in den vorhandenen Strukturen entfalten, meine Stärken einbringen? Wie ist die Führungskultur im Unternehmen? Kann ich selber Entscheidungen treffen, und gibt es immer wieder neue Lernfelder, an denen ich wachsen kann? Das Team und die daraus resultierende Unterstützung haben ebenfalls Einfluss auf das Engagement.

BEISPIEL

Michael ist als Sachbearbeiter im Einkauf mit Freude bei der Arbeit. Er hat viele Freiräume, kann selbst Entscheidungen treffen und seinen Tag zumeist sehr eigenständig planen. Durch neu entwickelte Produkte ergeben sich immer wieder spannende Lernfelder für ihn. Seine Chefin kann er jederzeit um Rat fragen. Er erhält von ihr regelmäßig ein konstruktives Feedback zu seiner Leistung. Michael arbeitet gerne mit seinen Kollegen im Team zusammen, und auch die bereichsübergreifenden Meetings erlebt er als sehr harmonisch und fruchtbar.

Kai arbeitet in der Marketingabteilung. Die Vorgaben für seine Arbeiten sind eng gesteckt. Alles hat genau nach Vorschrift zu sein. Regelmäßige Audits des Qualitätsmanagements lassen ihm wenig Freiräume. Dabei würde er so gerne kreativer arbeiten. In seiner Freizeit entwirft er Logos, bastelt an Webauftritten und fotografiert. Wenn sein Chef etwas zu ihm sagt, ist es fast immer Kritik. Kai hat das Gefühl, seine Ideen interessieren niemanden.

Es lässt sich leicht erahnen, welcher der beiden Männer eher bereit ist, sich für seine Firma zu engagieren.

Checkliste: Rahmenbedingungen

- Wie groß sind die Entscheidungsspielräume?
- Erleben die Mitarbeiter genug Abwechslung? Können sie immer wieder Neues lernen?
- Erhalten sie genügend soziale Unterstützung, wenn sie Hürden meistern – von Ihnen als Führungskraft oder von ihren Kollegen aus dem Team?

Checkliste: Rahmenbedingungen

- Wie wertschätzend ist die Führungskultur im Unternehmen? Wie erleben Sie sie selbst und wie wertschätzend ist Ihr eigener Führungsstil?

- Stimmen die Werte des Unternehmens mit den Werten der Mitarbeiter überein? Wie stark können sich die Mitarbeiter damit identifizieren?

Prüfen Sie Ihre aktuellen Rahmenbedingungen. Welche Voraussetzungen sind bereits erfüllt und welche Voraussetzungen für mehr Einsatz und Leistung könnten Sie für Ihre Mitarbeiter noch schaffen? Leiten Sie aus diesen Überlegungen konkrete Projekte ab.

Stärken stärken im Unternehmen

Innerhalb der Positiven Psychologie gibt es einen Forschungszweig, der sich Positive Organizational Scholarship, kurz POS, nennt. POS untersucht diejenigen Dynamiken in Organisationen, die zur Entwicklung menschlicher Stärken führen, die die Resilienz, also die Widerstandsfähigkeit, in Individuen pflegen und erhöhen, persönliche Entwicklung möglich machen und außergewöhnliche individuelle und organisationale Leistung kultivieren (in Anlehnung an Cameron et al. 2003).

PsyCap: das psychologische Kapital der Mitarbeiter

Die Frage, wie wertvoll die Ressource Mensch für Unternehmen ist, haben sich bereits viele Experten aus Wirtschaft und Wissenschaft gestellt. In der Volkswirtschaftslehre wird das Humankapital untersucht. Hier geht es um das Wissen in einer Volkswirtschaft, also den Bildungsstand der Menschen. Das Sozialkapital, ein Begriff, der aus der Soziologie stammt, erfasst den Wert von Beziehungen und Netzwerken. Die Positive Psychologie hingegen erforscht das psychologische Kapital (kurz: PsyCap) eines Mitarbeiters. Es wird durch standardisierte Fragebögen gemessen und lässt sich gezielt steigern (vgl. Luthans et al. 2007). Das PsyCap setzt sich aus vier Faktoren zusammen:

1. Selbstwirksamkeit: Wie überzeugt bin ich von meinen eigenen Fähigkeiten?

2. Hoffnung: Wie stark fokussiere ich mich auf meine Ziele und halte daran fest?

3. Resilienz: Wie bewältige ich Probleme und wie gehe ich mit Rückschlägen um?

4. Optimismus: Wie optimistisch blicke ich in die Zukunft?

Welche positiven Auswirkungen es hat, das eigene psychologische Kapital und das seiner Mitarbeiter gezielt zu entwickeln, wurde 2011 in einer groß angelegten Analyse zusammengefasst (vgl. Avey et al. 2011).

Positive Effekte durch die Entwicklung des PsyCap
• Meine Arbeitszufriedenheit steigt.
• Ich bin gesünder (sinkende Krankenquoten).
• Ich entwickle mehr Eigeninitiative.
• Meine Loyalität zum Arbeitgeber wächst.
• Ich lerne schneller und bin kreativer.
• Ich bin humorvoller.
• Ich bin leichter zu führen.
• Ich gehe ganz in dem auf, was ich tue.

Wie man das psychologische Kapital erhöhen kann

Wie kann man das psychologische Kapital aber erhöhen? Nehmen wir dazu dessen vier Faktoren näher unter die Lupe.

Die Selbstwirksamkeit erhöhen

Selbstwirksamkeit wird definiert als die Überzeugung, aufgrund eigener Kompetenzen gewünschte Handlungen erfolgreich ausführen zu können. Das Konzept wurde von dem Psychologen Albert Bandura bereits in den 1970er Jahren entwickelt. Jeder von uns kennt das gute Gefühl der Gewissheit, wenn wir an uns glauben und überzeugt davon sind, eine Aufgabe, die vor uns liegt, zu schaffen. Wir denken dann: »Das bekomme ich schon hin!«. Der Grad unserer Selbstwirksamkeit wird durch folgende Faktoren beeinflusst.

- Die eigene Kompetenzerwartung: Was glaube ich, wie gut ich meine Kompetenzen bei der neuen Aufgabe abrufen kann?

- Die eigene Ergebniserwartung: Was glaube ich, welche Ziele ich erreichen kann?

- Die positiven oder negativen Emotionen, die sich aus diesen Erwartungen ergeben.

BEISPIEL

Ein Vertriebsmitarbeiter soll ein neues Produkt verkaufen, mit dem er keine Erfahrung hat. Wie können Sie ihn unterstützen, damit er erfolgreich mit diesem Produkt durchstarten kann? Fragen Sie Ihren Vertriebsmitarbeiter, wie er es bisher geschafft hat, neue Produkte erfolgreich in seine Verkaufsprozesse zu integrieren. Lassen Sie sich konkrete Beispiele nennen. Schreiben Sie mit ihm gemeinsam alle hilfreichen Stärken und Fähigkeiten auf. Fragen Sie ihn dann, mit welcher Strategie er bei dem neuen Produkt vorgehen und welche Stärken er dabei besonders einsetzen möchte.

Nutzen Sie die Vorgehensweise aus dem Beispiel auch für sich selbst.

Übung: Selbstwirksamkeit erhöhen

Nehmen Sie sich dazu eine halbe Stunde Zeit und beantworten Sie auf einem Blatt Papier folgende Fragen:

- In welchen Situationen habe ich bereits eine ähnliche Herausforderung gemeistert?

- Welche Ziele habe ich dabei erreicht?

- Welche meiner Verhaltensweisen, Fähigkeiten und Stärken habe ich dabei besonders genutzt?

Übung: Selbstwirksamkeit erhöhen

- Welche meiner Verhaltensweisen, Fähigkeiten und Stärken werden mir bei der neuen Herausforderung besonders helfen?

- Wenn es richtig gut läuft: Welche positiven Ergebnisse kann ich erwarten? Wie werde ich mich dann fühlen? Wie stolz werde ich auf mich sein?

- Wie schaffe ich es, mögliche Hürden zu meistern? Welche meiner Stärken kann mir dabei nützen?

Spüren Sie nach dieser Übung in sich hinein: Was ändert sich, wenn Sie Ihre Aufmerksamkeit auf erfolgreich gemeisterte Situationen und Ihre Fähigkeiten und Stärken richten?

Jedes Mal, wenn wir uns erinnern, erschaffen wir die Erinnerung an unsere eigene Vergangenheit neu. Neues Handeln, Denken oder Fühlen verändert die Verschaltungsmuster in unserem Gehirn. Das Gehirn passt sich also ständig an. Wissenschaftler nennen dieses Änderungspotenzial die Neuroplastizität des Gehirns. Fokussieren wir uns in unserer Erinnerung auf etwas Positives, das wir erreicht haben, so hat dies auch günstige Auswirkungen auf die eigene Selbstwirksamkeit. Je öfter wir das tun, desto besser. Aus dem anfangs bewusst eingesetzten positiven Fokus wird so eine unbewusste Gewohnheit und daraus entwickelt sich eine positive Erfolgsspirale.

Die Hoffnung steigern

BEISPIEL

> Reiner Schmidt hat von seinem Chef die neuen Vertriebszahlen für das kommende Jahr erhalten. Die Vorgaben sind hoch, sehr hoch. Herr Schmidt hat nicht das Gefühl, dass er das Ziel erreichen kann, egal wie sehr er sich auch anstrengen würde. Es gibt einfach derzeit zu viele Schwierigkeiten in seiner Region und bei seinen Kunden läuft es auch nicht so gut. In anderen strukturstärkeren Gebieten würde ja vielleicht noch etwas machbar sein, aber nicht bei ihm. Seine Hoffnung befindet sich gerade auf einem Tiefpunkt.

Nur wer über genug Hoffnung verfügt, hat

- den unbedingten Willen, seine Ziele auch zu erreichen.
- die Zuversicht, die Ziele selbst erreichen zu können.
- die Fähigkeit, Hindernisse zu meistern.

Die Hoffnung ist beeinflussbar. Stellen Sie zunächst den Status quo fest. Herrscht in Ihrem Unternehmen ein Klima, das die Hoffnung der Mitarbeiter begünstigt? Mit der folgenden Checkliste finden Sie es heraus. Kreuzen Sie an, ob die jeweiligen Aussagen zutreffen.

Check: Hoffnung	Trifft zu	Weiß nicht	Trifft nicht zu
Die Mitarbeiter sind intensiv in die Entwicklung der Ziele eingebunden.			
Die Mitarbeiter sind stark an der Strategiefindung für das Unternehmen beteiligt und identifizieren sich sehr damit.			

Check: Hoffnung	Trifft zu	Weiß nicht	Trifft nicht zu
Die (selbst) gesteckten Ziele sind ehrgeizig und motivierend für die Mitarbeiter.			
Die Schritte zum Ziel sind klar. Die Teilziele sind von den Mitarbeitern selbst gesetzt.			
Die Mitarbeiter bekommen alle erforderlichen Ressourcen und die Unterstützung, die sie brauchen.			
Die Mitarbeiter haben großen Spielraum, um eigene Fähigkeiten zu entwickeln und Hindernisse selbst zu überwinden.			
Summen			

Wie sehen Ihre Ergebnisse aus? Überwiegen die »Weiß nicht«- oder »Trifft nicht zu«-Antworten, besteht in puncto Hoffnung Handlungsbedarf. Aus den Antworten können Sie auch gleich die entsprechenden Maßnahmen ableiten. Ist z.B. der Spielraum Ihrer Mitarbeiter zu gering, sollten Sie sich Wege überlegen, um neue Freiräume zu schaffen.

Mitarbeiter, die einen hohen Wert bei der Dimension Hoffnung erreichen, machen nicht Dienst nach Vorschrift. Sie zeigen große Eigeninitiative, sind aus sich selbst heraus motiviert und wollen Verantwortung übernehmen. Wer in seinem Unternehmen ein Klima der Hoffnung schafft, steigert die Autonomie und Willensstärke seiner Mitarbeiter.

Die Widerstandskraft/Resilienz verbessern

Menschen, die über einen hohen Grad an Resilienz verfügen, haben die Fähigkeit, belastende Situationen schnell zu verarbeiten, Krisen zu überwinden und sogar gestärkt aus ihnen hervorzugehen. Resilienz entsteht vor allem in der Kindheit, lässt sich jedoch auch später noch trainieren. So werden Mitarbeiter z. B. zunehmend resilienter, wenn sie Krisen und emotionale Herausforderungen meistern. Als Führungskraft kann man sie dabei unterstützen und die Rahmenbedingungen dafür verbessern.

Mit der folgenden Checkliste können Sie feststellen, ob in Ihrem Unternehmen ein resilienzförderndes Klima herrscht. Kreuzen Sie an, welche Aussagen zutreffen.

Check: Resilienzfördernde Rahmenbedingungen	Trifft zu	Weiß nicht	Trifft nicht zu
Ich unterstütze meine Mitarbeiter darin, ihre eigene Fähigkeit zur Selbstregulation und Selbstwahrnehmung zu verbessern indem ich Freiräume schaffe, offene Fragen stelle, damit sie selbst oder in einer gemeinsamen Reflexion auf Problemlösungen kommen.			
Ich sorge dafür, dass meine Mitarbeiter ihre Stärken besser kennen und realistischer einschätzen.			
Ich fördere die Zusammenarbeit im Team, so dass gegenseitige Unterstützung alltäglich ist.			

Check: Resilienzfördernde Rahmenbedingungen	Trifft zu	Weiß nicht	Trifft nicht zu
Ich schaffe die Rahmenbedingungen, damit meine Mitarbeiter auf ihre Gesundheit und Lebensbalance achten und so dauerhaft widerstandsfähig bleiben. Ich sorge z. B. dafür, dass meine Mitarbeiter genügend Pausen machen oder am Abend auch Zeit für ihre Familie haben.			
Ich biete den Mitarbeitern in Krisensituationen Unterstützungsmaßnahmen an, etwa Mentoring bzw. Coaching.			
Summen			

Haben Sie überwiegend »Trifft nicht zu« oder »Weiß nicht« angekreuzt, besteht im Hinblick auf resilienzfördernde Führung Handlungsbedarf. Sprechen Sie mit Ihren Mitarbeiter darüber, wie sie selbst die Situation einschätzen. Aber Achtung: Viele haben, wenn es um ihre eigenen Belange geht, einen »blinden Fleck«, erkennen also selbst nicht die Notwendigkeit mehr auf sich zu achten.

In einer konkreten Krisensituation helfen Ihnen folgende Strategien und Einstellungen dabei, den Mitarbeitern den Rücken zu stärken und so ihre Resilienz zu fördern.

- Es ist hilfreicher, gemeinsam nach Auswegen aus der Krise zu suchen, als sich auf die Gründe für das Schlamassel zu konzentrieren.

- Fragen Sie sich und Ihre Mitarbeiter lieber, welche Ihrer Stärken Ihnen jetzt in diesem Augenblick helfen könnte, als sich darüber Gedanken zu machen, was noch alles passieren kann und wie andere darüber denken werden.

- Reflektieren Sie lieber, welche Situationen Sie sonst schon in Ihrem Leben gemeistert haben und wie gestärkt Sie daraus hervorgegangen sind, als zu jammern und sich zu fragen: »Warum muss das ausgerechnet wieder mir/uns/jetzt passieren?«

Sie sehen: Es ist eine Frage der Denkrichtung, wie Sie mit Krisen umgehen. Lassen Sie das lösungs- und zielorientierte Denken bei sich und Ihren Mitarbeitern zur Gewohnheit werden. Ihr Nutzen daraus wird sein, dass Ihre Mitarbeiter optimistischer in die Zukunft blicken. Zudem verfallen sie seltener in die Opferrolle und vernetzen sich stärker mit den Kollegen im Unternehmen, um miteinander mehr zu erreichen.

Den Optimismus stärken

Wer optimistisch ist, der hat die Erwartung, dass seine Handlung bzw. eine bestimmte Situation ein gutes Ergebnis haben wird.

Leitfragen für den Aufbau von Optimismus

- Wie haben Sie bisher positive Ergebnisse erzielt und was konkret war Ihr Beitrag?

- Welcher hilfreiche Glaube über sich selbst ist dabei entstanden? (Beispiele: Was ich will, das schaffe ich auch. Ich bin kompetent. Ich meistere jede Hürde.)

- Wie unterstütze ich meine Mitarbeiter dabei, mit Misserfolgen umzugehen und daraus zu lernen?

- Wie helfe ich Ihnen dabei, realistisch zu reflektieren, statt perfektionistisch auf Defizite zu fokussieren?

Mithilfe des folgenden Checks testen Sie, wie optimistisch Ihre Mitarbeiter zurzeit sind.

Check: Optimismus	Trifft zu	Teils/ teils	Trifft nicht zu
Meine Mitarbeiter akzeptieren die erreichten Ergebnisse und lernen daraus.			
Sie blicken stets nach vorn, finden Lösungen und Verbesserungen für die Zukunft.			
Offenheit, Wohlwollen und Wertschätzung stehen bei uns im Vordergrund.			
Summen			

Ziehen Sie anhand des Tests ein Fazit. Reflektieren Sie Ihren eigenen Optimismus, die Art, wie Sie Ergebnisse akzeptieren, den eigenen Grad der Perfektion und die Orientierung auf die Verbesserungsmöglichkeiten für die Zukunft. Überlegen Sie, mit welchen Verhaltensweisen Sie Ihre Mitarbeiter noch stärker unterstützen könnten, um deren Optimismus zu steigern.

Job Crafting: vom Job zur Berufung

BEISPIEL

> Angenommen, Sie fragen auf einer Baustelle mehrere Steinmetze nach ihrer Arbeit. Auf die Frage: »Warum arbeiten Sie hier?«, bekommen Sie ganz unterschiedliche Antworten. Steinmetz 1 erwidert: »Ich arbeite, um meine Familie zu ernähren«. Steinmetz 2 erklärt: »Ich will hier Karriere machen und Bauleiter werden«. Steinmetz 3 hingegen sagt: »Ich baue eine Kathedrale zu Ehren Gottes«.

Menschen, die einen Sinn in ihrer Arbeit sehen, setzen sich beruflich stärker ein, erzielen bessere Ergebnisse und leisten mehr. Amy Wrzesniewski, Professorin für Organizational Behavior an der Yale Universität, beschreibt drei grundlegende Einstellungen zur Arbeit.

- Arbeit als Broterwerb: Menschen mit dieser Einstellung geht es vor allem darum, Geld zu verdienen und ausreichend abgesichert zu sein. Arbeit ist für sie Pflichterfüllung. Arbeiten muss man halt, so ist das eben. Der Spaß daran steht bei ihnen nicht im Vordergrund. Mitarbeiter in dieser Kategorie warten auf den Feierabend, das Wochenende und auf den nächsten Urlaub. Laut Gallup sind dies in Deutschland zurzeit ca. 70 % der Beschäftigten.

- Arbeit als Karrieresprungbrett: Der Fokus von Mitarbeitern mit dieser Einstellung liegt auf der Zukunft: Sie warten auf den nächsten Karriereschritt, die nächste Gehaltsstufe; sie streben nach mehr Ansehen und Anerkennung. Mitarbeiter dieses Typs zeigen einen hohen Einsatz, sind interessiert. Oft sind sie deswegen auch bei den Führungskräften beliebt.

BEISPIEL ▬▬▬▬▬▬▬▬▬▬▬▬▬▬▬▬▬▬▬▬▬▬▬▬▬▬▬▬▬▬▬▬▬▬▬▬

> Für ihr Abitur hat Lena tage- und nächtelang gelernt und sich keine Freizeit gegönnt, um mit einer möglichst guten Note den ersehnten Studienplatz zu ergattern. Damals sagte sie sich: »Wenn ich erst einmal studiere, dann kann ich das Leben genießen«. Doch auch im Studium erlaubte sie sich nur wenig Auszeiten. Sie sagte sich: »Bloß keine Zeit verlieren! Wenn ich erst einmal im Job bin, dann kann ich immer noch langsamer treten«. Bei ihrer ersten Anstellung änderte sich jedoch nichts. Sie dachte: »Jetzt aber Vollgas geben, um einen guten Start zu haben! Wenn ich erst eine feste unbefristete Stelle habe, dann kann ich mich entspannen«. Doch dann tauchte auch schon der nächste Karriereschritt am Horizont auf und Lena ... verschiebt das Leben wieder auf später.

Natürlich leisten Menschen wie Lena viel. Sie laufen jedoch Gefahr, dass sie ihr Gleichgewicht nicht finden und auf Dauer nicht leistungsfähig bleiben. Im schlimmsten Fall drohen aufgrund des permanenten Drucks, unter dem sie stehen, Krankheit oder Ausstieg aus dem Job. Im Alltag haben Menschen mit dieser Einstellung noch ein weiteres Problem: Mitarbeiter mit einem starken Konkurrenzverhalten verhindern oft die Entfaltung der gebündelten Stärken in einem Team.

Wie sich das auswirken kann, zeigt anschaulich die Teamübung »Marshmallow Challenge« des Erfolgsautors Tom Wujec. Ein Team erhält 20 Spaghetti, Bindfaden, Klebeband und einen Marshmallow. Es bekommt den Auftrag, in 18 Minuten einen möglichst hohen Turm aus diesen Materialien zu bauen, dessen Spitze der Marshmallow bilden soll. Durchschnittliche Teams schaffen 50 cm, Kindergartenkinder bis zu 70 cm. Absolventen von Business Schools, als typische Vertreter der Karriereorientierung, nur 25 cm!

- Arbeit als Berufung: Für denjenigen, der seine Arbeit als Berufung erlebt, hat sie aus sich heraus einen tieferen Sinn. Sie dient dann einem größeren Ganzen. Er leistet einen ihm wichtigen Beitrag und identifiziert sich mit den Zielen seiner Arbeit. Für diese Mitarbeiter ist die Arbeit selbst die Erfüllung. Sie leisten viel, bringen einen hohen Einsatz, entwickeln ihre Stärken immer weiter und erzielen Erfolge. Eine Beförderung ist für sie nicht das Ziel, sondern höchstens ein schöner Nebeneffekt. Phasen hoher Arbeitsbelastung erleben sie seltener als negativen Di-Stress, sondern eher als positiven und sogar fördernden Eustress.

Kann jede Tätigkeit zur Berufung werden?

Es ist liegt auf der Hand, dass Menschen, deren Job ihre Berufung ist, die idealen Arbeitnehmer sind. Nun stellt sich die naheliegende Frage: Kann jede Arbeit zur Berufung werden? Die Untersuchungen in diesem Bereich zeigen, dass jeder Beruf das Potenzial hat, als Berufung erlebt zu werden. Auf die Art der Arbeit kommt es nicht an. Nicht nur der Arzt oder Angestellte einer gemeinnützigen Institution kann seinen Job so erleben, sondern auch die Putzfrau oder der Buchhalter.

BEISPIEL

Andrea ist Reinigungskraft in einem Krankenhaus. Sie macht ihre Arbeit mit Freude und erlebt sie als sinnvoll. Sie sagt, dass ohne sie der Laden nicht laufen würde. Erst durch die gründliche Sauberkeit und Keimfreiheit könnten die Ärzte erfolgreich operieren und die Menschen wieder richtig gesund werden. Deswegen würde sie auch nicht oberflächlich putzen, da wirkliche Gründlichkeit absolut entscheidend ist für einen auf Dauer funktionierenden Betrieb. In manchen Krankenhäusern wäre es ja geradezu gefährlich für die Patienten, weil nicht gewissenhaft gereinigt würde.

Das Beispiel zeigt, was auch die Organisationspsychologen Jane E. Dutton, Amy Wrzesniewski und Justin M. Berg vom Center for Positive Organizations herausgefunden haben und Job Crafting nannten: Es kommt nur darauf an, seine Tätigkeit selbst so zu verändern, dass Sinn und Ausführung für einen selbst passen. Jeder Arbeitnehmer macht dies ohnehin schon unbewusst. Abläufe werden angepasst, Aufgaben weggelassen oder hinzugefügt, so dass es für den Mitarbeiter einen Sinn ergibt und die Aufgabe mehr Freude macht.

Mitarbeiter unterstützen auf dem Weg zur Berufung

Doch wie fördert man andere auf dem Weg dorthin? Was können Sie tun, damit Sie und Ihre Mitarbeiter Ihren Beruf als Berufung erleben? In drei Bereichen können Sie ansetzen (vgl. Blickhan, 2015).

Ansatzpunkt 1: Aufgaben ändern

Man kann die Art der Aufgabe verändern, einzelne Prozesse anpassen oder neu gestalten und auch die Mengen anders planen. Versetzen Sie sich in die Lage Ihres Mitarbeiters: Würden Sie gerne einen ganzen Tag dieselbe Aufgabe erledigen oder lieber jeden Tag eine Stunde über die Woche verteilt?

Ansatzpunkt 2: Beziehungen verändern

Manchmal ist es einfach schöner, im Team gemeinsam etwas zu gestalten, als alleine zu arbeiten. Statt E-Mails hin und her zu schreiben, bietet sich eventuell ein persönliches Treffen bei einem Kaffee an. Bei einem gemeinsamen Spaziergang oder Mittagessen können viele persönliche und knifflige Fragestellungen besser gelöst werden als einsam am Schreibtisch.

BEISPIEL

So genannte Feedbackspaziergänge sind in meinen Teambegleitungen eine willkommene Abwechslung. Sie fördern den Austausch in der Tiefe. Hier bekommen die Teilnehmer die Gelegenheit, sich bei einem Spaziergang gegenseitig zu einem vorher abgesprochenen Thema Feedback zu geben.

Ansatzpunkt 3: Die eigene Einstellung ändern

Die Einstellung zur Arbeit zu ändern, ist der größte Hebel, den der Mitarbeiter selbst oder Sie gemeinsam mit diesem im Dialog ziehen können. Es geht hier nicht um äußere Faktoren, sondern um die subjektive und sehr persönliche Bewertung der eigenen Arbeit. Hier dreht sich alles um folgende Fragen: Was trage ich mit meiner Arbeit zum großen Ganzen bei? Welchen Nutzen stifte ich? Welchen Zielen dient meine Arbeit?

Bewusstsein darüber, welchen Sinn man mit seiner Arbeit stiftet, schafft die folgende Übung. Probieren Sie sie selbst aus. Als Führungskraft können Sie sie auch Ihren Mitarbeitern als Anregung geben und im Anschluss ein gemeinsames Gespräch darüber führen. Sie ist ideal auch als Ergänzung zu einem Jahresgespräch, um mit Ihren Mitarbeitern intensiver in den Dialog zu kommen und Impulse für eine persönliche Entwicklung zu geben.

Übung: Die eigene Einstellung zur Arbeit ändern

Schreiben Sie zuerst Ihre Haupttätigkeiten auf ein Blatt Papier. Hinter jede dieser Aufgaben notieren Sie Ihre Antworten zu folgenden Fragen:

- Welchem Ziel dient diese Tätigkeit?
- Was ist der Nutzen dieser Tätigkeit?
- Welcher meiner Werte wird durch sie erfüllt?
- In welchem größeren Zusammenhang ist sie wichtig?

Mit dieser Übung finden Sie bzw. Ihre Mitarbeiter für jede Ihrer Aufgaben heraus, welche Ihrer Werte damit erfüllt werden und welchen Beitrag Sie damit leisten. Lassen Sie sich überraschen, welche Werte öfter auftauchen. Welche Tätigkeit macht keinen Spaß, bei welcher kommen wenige oder keine Ihrer Stärken zum Einsatz? Wie können Sie die Tätigkeiten verändern, weiterentwickeln oder im Team neu verteilen?

> Initiieren Sie einen Job Crafting Workshop und lassen Sie sich überraschen, was für kreative Ideen Ihre Mitarbeiter dabei entwickeln.

Psychische Grundbedürfnisse: Fülle statt Mangel!

Welche Bedürfnisse sollten erfüllt sein, damit sich Motivation und Arbeitsfreude entfalten können? Was sind die Nährstoffe für die Psyche, damit proaktives, zielorientiertes Handeln, persönliche Entwicklung und psychisches Wohlbefinden möglich werden? Die Psychologen Edward L. Deci und Richard M. Ryan von der Universität Rochester/USA unterscheiden drei psychische Grundbedürfnisse, die jeder Mensch hat. Nur wenn sie erfüllt sind, sind wir motiviert, fühlen uns wohl und können auf Dauer mental gesund bleiben.

Grundbedürfnis nach ...	Ist erfüllt, wenn folgende Aussagen zutreffen:
1. Autonomie	Ich habe Handlungsspielräume, kann selbst entscheiden und im Einklang mit meinen Werten agieren. Die Ziele des Unternehmens sind mit meinen Zielen im Einklang. Dadurch sind mir Sinn und Nutzen meiner Tätigkeit klar. Zeitdruck und eine anweisende Sprache verringern hingegen mein Autonomieerleben.

Grundbedürfnis nach ...	Ist erfüllt, wenn folgende Aussagen zutreffen:
2. Kompetenz	Ich erlebe mich selbst als wirksam und vertraue in meine Fähigkeiten. Wenn ich meine Stärken einsetzen kann und das Gefühl habe besser zu werden, dann bleibe ich am Ball und setze meine Ziele nachhaltig um. Durch die selbst erlebten Erfolge befinde ich mich in einer Erfolgsspirale. Ich traue mir immer mehr zu und setze mir noch herausforderndere Ziele.
3. Bindung	Ich fühle mich verbunden, kann andere unterstützen und werde selbst auch unterstützt. Ich erlebe gegenseitige Akzeptanz und ein Miteinander im Unternehmen. Ich habe Vorbilder in meinem Umfeld, die mich ermutigen, mir Impulse geben und meine Kreativität anregen.

Überprüfen Sie Ihre Füllstände

Die Psychologin Daniela Blickhan hat eine Übung entwickelt, mit der Sie die Erfüllung Ihrer eigenen psychischen Grundbedürfnisse prüfen können. Aus den Ergebnissen lassen sich leicht konkrete Verbesserungsideen ableiten. Nehmen Sie sich ein Blatt Papier und malen Sie nebeneinander drei Säulen bzw. Behälter darauf. Beschriften Sie sie mit den drei psychischen Grundbedürfnissen: Autonomie, Kompetenz, Bindung.

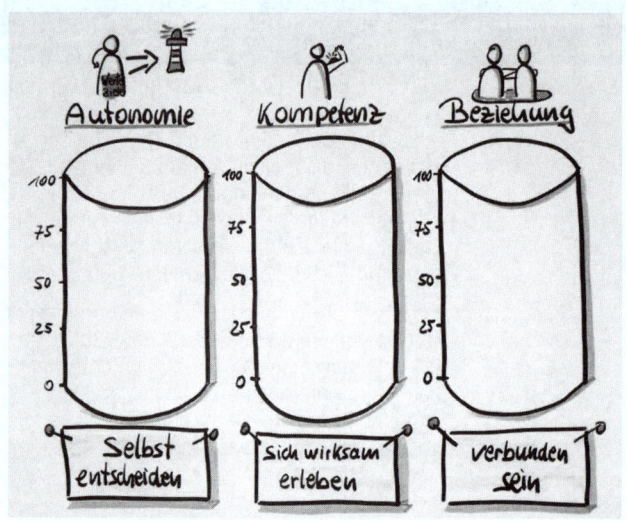

Füllstände Ihrer psychischen Grundbedürfnisse

Gehen Sie wie folgt vor:

- Zeichnen Sie Ihre Füllstände ein, um den Ist-Zustand festzuhalten. Wie sind Ihre Füllstände derzeit im beruflichen Kontext? Wie voll oder leer sind zurzeit die Behälter Autonomie, Kompetenz und Bindung?

- Stellen Sie sich dann die Fragen: Welche Grundbedürfnisse sind aus Ihrer Sicht gut versorgt? Für welche Bedürfnisse würden Sie gerne die Füllstände erhöhen?

- Schreiben Sie nun drei konkrete Ziele für die Zukunft auf, mit denen es gelingt, die Füllstände zu erhöhen. Setzen Sie sich kleine, konkrete und alltagstaugliche Ziele, die sich nicht allzu schwer erreichen lassen.

- Überprüfen Sie nach der ersten Woche Ihre Erfolge. Wie erleben Sie jetzt die Füllstände?

- Finden Sie heraus, welche Verhaltensweisen, Tätigkeiten und Alltagsgewohnheiten Ihre Grundbedürfnisse beeinflussen. Was füllt die Behälter und was leert sie?

- Verbessern Sie Ihr Selbstmanagement Woche für Woche, indem Sie mehr von dem planen und umsetzen, was Ihre Grundbedürfnisse nährt und so Ihre Behälter füllt.

BEISPIEL

Michael spürte intuitiv, dass seine Motivation im Job nachgelassen hatte und wollte der Sache auf den Grund gehen. Er hatte gelesen, dass die eigene Motivation auch sehr stark mit der Erfüllung der eigenen Grundbedürfnisse Autonomie, Kompetenz und Bindung/Beziehung zusammenhängt. Nach einer kleinen Selbstanalyse mithilfe der Füllstände wurde ihm Einiges klarer: Seine Aufgabe hatte sich in den letzten Jahren sehr verändert und seine Entscheidungsspielräume waren immer enger geworden (niedriger Füllstand im Behälter Autonomie). Vor allem Letzteres machte ihm sehr zu schaffen. Er vereinbarte einen Termin mit seinem Vorgesetzten, um mit ihm über mögliche neue Aufgabenfelder zu sprechen. Michaele überlegte sich ein paar Ideen, die seinem Chef mit Sicherheit gefallen würden. Bereits durch die Erkenntnis, was im Argen lag, und den kreativen Blick in eine mögliche Zukunft verspürte er einen ersten Motivationsschub.

Stärken erkennen

Haben Sie sich schon einmal gefragt, warum wir negative Schlagzeilen oder Berichte von Unfällen oder anderen schlimmen Ereignissen so spannend finden und sich diese nachhaltig in unser Gedächtnis brennen? Was ist der Grund dafür, dass wir so schön gemeinsam über Probleme jammern können – viel öfter, als wir uns über Erfolge unterhalten und uns miteinander freuen? Evolutionsbiologisch betrachtet sind wir Menschen darauf trainiert, Gefahren zu erkennen und Katastrophen vorherzusehen. Unser Gehirn wird durch negative Wahrnehmungen etwa drei Mal stärker aktiviert als durch positive Geschichten, Erlebnisse oder Szenarien. Dies hat unser aller Überleben über Tausende von Jahren gesichert.

BEISPIEL

> Sie liegen abends im Bett und lassen den Tag Revue passieren. Hand aufs Herz: Was beschäftigt Sie? Das, was heute gut funktioniert hat, oder das, was nicht passte, was schlecht lief?

Die Überlebensmechanismen, die uns in die Lage versetzten, vor wilden Tieren zu flüchten oder Angreifer mit der Keule in die Flucht zu schlagen, sind in der heutigen Zeit eher hinderlich. Dank der modernen Medien prasseln jeden Tag negative Informationen auf uns ein, die unser Gehirn blockieren und nur noch wenig Raum für Positives lassen. Studien belegen jedoch eindrucksvoll, dass wir viel glücklicher leben und uns persönlich und beruflich viel schneller entwickeln, wenn wir den Fokus auf unsere Stärken legen, d.h. die eigenen Stärken erforschen, bewusster wahrnehmen, häufiger nutzen und ausbauen.

Was aber genau sind Stärken? Die Psychologen Christopher Peterson und Martin Seligman haben nach jahrelanger Forschung eine Liste von 24 Charakterstärken erarbeitet. Jeder von uns hat diese Stärken. Sie sind bei jedem jedoch unterschiedlich ausgeprägt und wir setzen sie im Alltag auch unterschiedlich ein.

Welche Stärken haben Sie?

Erforschen Sie anhand der folgenden Tabellen, welche Stärken Sie im Alltag besonders häufig einsetzen. Stellen Sie sich bei jeder Charakterstärke die Frage: Wie sehr nutze ich diese Stärke im Alltag? Tragen Sie jeweils Ihre subjektive Einschätzung in Prozent (0 bis 100 %) in die rechte Spalte ein.

Weisheit und Wissen

In die Kategorie Weisheit und Wissen fallen die kognitiven Stärken, bei denen sich alles um den Erwerb und Gebrauch von Wissen dreht.

Stärkenkategorie: Weisheit und Wissen	%
Kreativität: neue und effektive Wege und Ideen finden	
Neugier: Interesse an der Umwelt haben	
Urteilsvermögen: Dinge durchdenken und von allen Seiten betrachten	

Stärkenkategorie: Weisheit und Wissen	%
Liebe zum Lernen: neue Techniken erlernen und Wissen aneignen	
Weisheit: in der Lage sein, guten Rat zu geben	

Mut

In der Kategorie Mut finden Sie Ihre emotionalen Stärken. Wer diese Stärken bei sich und seinen Mitarbeitern besonders fördert, wird Ziele leichter und öfter erreichen.

Stärkenkategorie: Mut	%
Authentizität: die Wahrheit sagen und sich natürlich geben	
Tapferkeit: sich nicht Bedrohung oder Schmerz beugen, Herausforderungen annehmen	
Ausdauer: beenden, was begonnen wurde	
Enthusiasmus: der Welt mit Begeisterung und Energie begegnen	

Menschlichkeit

Die Stärkenkategorie Menschlichkeit beschäftigt sich mit Stärken, die die Kommunikation verbessern und es ermöglichen, mehr im Miteinander zu sein.

Stärkenkategorie: Menschlichkeit	%
Freundlichkeit: anderen einen Gefallen tun und gute Taten vollbringen	
Bindungsfähigkeit: menschliche Nähe herstellen können	
Soziale Intelligenz: sich der Motive und Gefühle von sich selbst und anderen bewusst sein	

Gerechtigkeit

In der Kategorie Gerechtigkeit geht es um Stärken, die das Gemeinwesen fördern.

Stärkenkategorie: Gerechtigkeit	%
Fairness: alle Menschen nach dem Prinzip der Gleichheit und Gerechtigkeit behandeln	
Führungsvermögen: Gruppenaktivitäten organisieren und ermöglichen	
Teamwork: gut als Mitglied eines Teams arbeiten	

Mäßigung

In der Stärkenkategorie Mäßigung finden Sie Stärken, die Exzessen entgegenwirken.

Stärkenkategorie: Mäßigung	%
Vergebungsbereitschaft: vergeben können, nicht nachtragend sein	
Bescheidenheit: das Erreichte für sich sprechen lassen	
Vorsicht: nichts tun oder sagen, was später bereut werden könnte	
Selbstregulation: regulieren, was man tut und fühlt	

Transzendenz

Unter dem Oberbegriff Transzendenz sind Stärken zusammengefasst, die unseren Glauben stärken, Sinn stiften und das große Ganze im Fokus haben.

Stärkenkategorie: Transzendenz	%
Sinn für das Schöne: Schönheit in allen Lebensbereichen schätzen	
Dankbarkeit: sich der guten Dinge bewusst sein und sie zu schätzen wissen	
Hoffnung: das Beste erwarten und daran arbeiten, es zu erreichen	
Humor: Lachen und Humor schätzen; Menschen gerne zum Lachen bringen	
Spiritualität: Überzeugt sein, dass es einen höheren Sinn im Leben gibt	

Oft ist es uns gar nicht bewusst, welche Stärken wir haben. Der Test gibt Ihnen einen guten Überblick darüber, auf welche Stärken Sie besonders oft zurückgreifen. Stärken mit einer hohen Prozentzahl setzen Sie im Alltag häufig in konkretes Verhalten um. Aus niedrigen Werten können Sie schließen, dass Sie die jeweilige Stärke noch nicht so oft im Alltag einsetzen. Der niedrige Wert sagt nicht etwa aus, dass Sie die Stärke nicht haben.

> Wer seine Stärken erkennt, fördert damit nachweislich sein subjektives Wohlbefinden.

Der VIA-Stärkentest

Ein noch vollständigeres Bild Ihrer Stärken erhalten Sie, wenn Sie den offiziellen VIA-Stärkentest (Values In Action) machen. Besuchen Sie dafür die Webseite der Uni Zürich unter www.

charakterstaerken.org. Nach Durchführung des kostenlosen Tests erhalten Sie ein differenziertes Feedback zu Ihren Charakterstärken. Der VIA ist eines der wichtigsten Testverfahren der Positiven Psychologie und basiert auf den 24 Stärken, die den oben genannten Kategorien bzw. Tugenden zugeordnet sind.

Stärken ausbauen

Untersuchungen zeigen, dass Sie Ihre Stärken entwickeln und damit viele positive Effekte erzielen können. Wer seine Stärken ausbaut, kann die eigene Lebenszufriedenheit steigern, seine Widerstandskraft erhöhen, sich schneller von Krankheiten erholen, mehr Freude an seinem Tun entwickeln, mehr positive Emotionen empfinden, Probleme durch den Einsatz seiner Stärken lösen. Im Idealfall bauen wir unsere Stärken ständig aus und entwickeln uns damit ein Leben lang weiter. Die folgenden Übungen helfen Ihnen dabei.

Wie Sie lernen, sich den Einsatz von Stärken zur Gewohnheit zu machen

Suchen Sie sich aus der Tabelle oben eine Ihrer Top-Stärken aus, die Sie künftig noch häufiger nutzen möchten. Listen Sie dann 10 Tätigkeiten auf, bei denen Sie diese Stärke in Zukunft auf neue Art und Weise einsetzen möchten.

BEISPIEL

Der Stärkentest hat bei Tobias Klein einen hohen Wert bei der Charakterstärke Authentizität ergeben. Er überlegt, wie er diese Stärke, die Wahrheit zu sagen und sich ganz natürlich zu geben, noch mehr nutzen kann. Er schreibt auf: 1. In Mitarbeitergesprächen noch offener Feedback geben. Dabei auch meine eigenen Erwartungen und Bedürfnisse freier äußern, damit mein Mitarbeiter weiß, woran er ist. 2. Gegenüber meinem Vorgesetzten die Themen noch direkter ansprechen und so Missverständnisse vermeiden. 3. Im Kundengespräch noch partnerschaftlicher beide Seiten sehen und mehr auf ein Win-win-Ergebnis achten, damit eine langfristige Bindung gewährleistet ist. 4. Bei Präsentationen ... usw.

Setzen Sie dann in einem vorher festgelegten Zeitraum von z. B. 2 bis 4 Wochen die Stärke bei einer dieser Tätigkeiten ganz gezielt ein. Ist der Zeitraum verstrichen, reflektieren Sie den positiven Unterschied. Was hat sich durch den bewussten Einsatz Ihrer Stärke verbessert? Bilden Sie so neue stärkenorientierte Gewohnheiten. Untersuchungen haben ergeben, dass Probanden, die eine vergleichbare Übung durchführten, sogar noch nach 6 Monaten zufriedener mit ihrem Leben waren als die Kontrollgruppe, die die Übung nicht durchlaufen hatte (vgl. Seligman et al. 2005).

Wie Sie sich auf Ihre Stärken fokussieren

Finden Sie eine Situation in der Vergangenheit, in der Sie sich als besonders wirksam erlebt haben. Dies kann im beruflichen Kontext gewesen sein oder bei privaten Herausforderungen, wie z.B. der Geburt Ihres Kindes. Beschreiben Sie, wie genau die Situation ablief – am besten schriftlich oder im Dialog mit einem Gesprächspartner. Was haben Sie wahrgenommen? Wie haben Sie sich verhalten? Wie waren die Reaktionen der Mitmenschen? Wie haben Sie sich gefühlt?

Halten Sie fest, welche Stärken Sie in dieser Situation in welcher Weise genutzt haben. Finden Sie auch heraus, welche Kombination von Stärken für Sie in dem Moment besonders förderlich war. Überlegen Sie dann, wie Sie diese Stärken(-kombination) in Zukunft noch öfter in ähnlichen Situationen nutzen können. Schreiben Sie die interessantesten Ideen in Ihren Kalender. Was wäre dadurch alles noch möglich? Wie würde sich dies auf Ihre Selbstwirksamkeit auswirken?

Wie Sie lernen, Ihre Stärken für ein Problem einzusetzen

Natürlich haben wir alle Probleme. Oft mehrere auf einmal. Haben wir eines gelöst, kommt schon das nächste um die Ecke. Ob wir nun ein Problem als Herausforderung erleben oder als eine weitere Katastrophe in unserem Leben, hängt mit unserer grundsätzlichen Lebenseinstellung zusammen. Möchten Sie Ihre Probleme lösen und daran wachsen? Für die Problemlösung hilft es, die eigenen Stärken gezielt zu nutzen. Das fällt leichter mit folgender Übung.

- Beschreiben Sie das Problem in zwei bis drei Sätzen. Finden Sie dann eine Ihrer Stärken, die Ihnen helfen könnte, das Problem zu lösen.

- Identifizieren Sie im nächsten Schritt Situationen, in denen Sie diese Stärke besonders oft zur Problemlösung einsetzen. Schreiben Sie diese ohne langes Nachdenken auf, einfach aus der Intuition heraus, ohne auf die Formulierungen zu achten. Den »Schreibfluss«, der so entsteht, nennt man auch expressives Schreiben. Diese Methode ist ein besonders effektives Mittel, um mehr über sich zu erfahren. Lassen Sie sich überraschen, was Ihnen dabei alles an Lösungen einfällt.

- Im letzten Schritt notieren Sie alle Ideen, wie Sie Ihr aktuelles Problem mit dieser Stärke lösen könnten.

Animieren Sie auch Ihre Mitarbeiter zu dieser Übung, wenn diese mit einem Problem konfrontiert sind. Geben Sie keine schnelle Lösung vor, auch wenn Sie sie sofort parat haben. Positive Mitarbeiterentwicklung bedeutet, Hilfe zur Selbsthilfe zu geben.

Volle Kraft voraus: den Flow fördern

Sicherlich kennen Sie das: Sie sind gerade bei einer Sache, die Ihnen Freude bereitet, die Sie interessant finden und die Sie auch herausfordert, so z. B. im Job oder auch bei der Ausübung eines Hobbys. Sie vergessen alles andere um sich herum, sind völlig konzentriert, Sie sind zu 100 % bei der Sache und vollständig im Hier und Jetzt. Alles scheint sich wie von selbst zu lösen, Sie erbringen scheinbar mühelos Höchstleistungen. Sie sind im Flow, wie der Glücksforscher und Begründer der Flow-Theorie Mihály Csíkszentmihályi diesen Zustand der höchsten Konzentration und des restlosen Aufgehens in einer Tätigkeit nannte. Erst nach diesem Erlebnis wird Ihnen dieser Zustand bewusst und erst dann entsteht in Ihnen das Gefühl von Freude oder Stolz.

Flow bedeutet Motivation und Höchstleistung pur. Mithilfe der bewusst erkannten Stärken können Sie sich und Ihre Mitarbeiter noch häufiger in diesen Zustand bringen.

Der Flow-Korridor

Flow wird möglich, wenn die Anforderungen, die an uns gestellt werden, mit unseren Fähigkeiten im Gleichgewicht, in Balance, sind. Die besten Leistungen erbringen wir nicht, wenn wir passiv sind oder Routinetätigkeiten ausüben, sondern wenn wir in Aktion treten und eine Aufgabe als besonders anspruchsvoll erleben. Wie wir unsere eigenen Fähigkeiten bezogen auf die Aufgabe bewerten, spielt dabei eine maßgebliche Rolle. Nur wenn wir optimistisch und überzeugt davon sind, dass wir die Aufgabe erfolgreich bewältigen, werden wir in unserem Tun aufgehen und in den Zustand kommen, in dem alles mühelos zu »fließen« scheint.

Um das zu erreichen, ist es nötig, dass wir die eigenen Aufgaben und die unserer Mitarbeiter entsprechend »tunen«. Wir müssen immer wieder neu Maß nehmen und die Aufgabe an unsere Fähigkeiten anpassen, um eine Balance zwischen beidem herzustellen. So können wir dafür sorgen, dass wir im sog. Flow-Korridor bleiben und Leistung, Motivation und Arbeitsfreude maximal steigern. Nur wenn die folgenden Aussagen zutreffen, können wir Flow erleben:

- Ich habe klare Ziele für jeden Umsetzungsschritt.
- Es gibt eine Balance zwischen Anforderungen und Fähigkeiten.
- Ich kann mich ganz auf mein Tun konzentrieren.
- Ich bekomme ein direktes Feedback.
- Ich habe das Gefühl, es schaffen zu können.

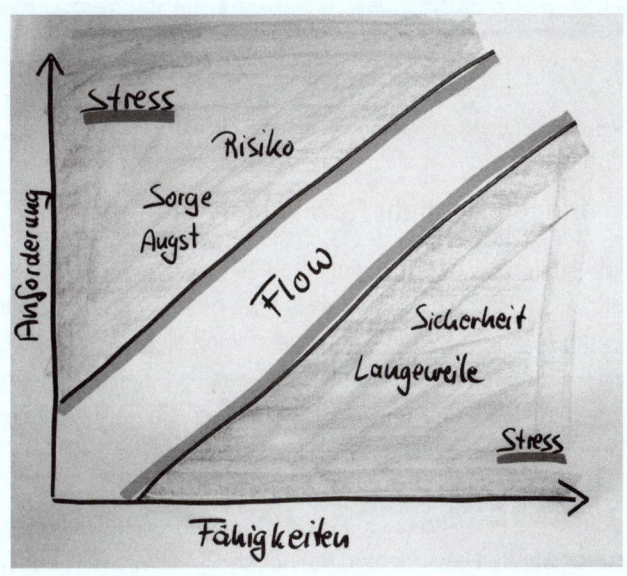

Der Flow-Korridor

Die positiven Wirkungen des Flow

- Je ausgewogener die Balance zwischen Anforderung und Fähigkeiten ist, desto besser bewerten Sie die Tätigkeit.

- Sie lernen sich voll und ganz auf eine Sache einzulassen. Dadurch wird Ihre Konzentrationsfähigkeit trainiert.

- Flow sorgt nachweislich für mehr Leistung und Erfolg im Beruf, beim Lernen und im Sport.

- Sie steigern Ihre Kreativität.

Die positiven Wirkungen des Flow

- Sie werden widerstandsfähiger gegen Stress und können mit den Unwägbarkeiten des Lebens besser umgehen.
- Ihr Selbstwertgefühl verbessert sich.

So bringen Sie mehr Flow in den Alltag

Flow kann man nicht erzwingen, aber Sie können die Voraussetzungen dafür schaffen, dass Sie noch öfter in diesen Zustand kommen. Dafür ist es wichtig, erst einmal herauszufinden, wann Sie bereits Flow erleben und was es Ihnen erleichtert, diesen Zustand zu erreichen. Die folgende Übung hilft Ihnen dabei:

Fertigen Sie eine Liste an mit etwa 10 Tätigkeiten, bei denen Sie immer wieder Flow erleben. Überlegen Sie dann: Welche Rahmenbedingungen sind wichtig, damit diese Flow-Erfahrungen möglich sind? In welchem Zustand befinden Sie sich, bevor Sie in den Flow kommen? Wie stark glauben Sie bei diesen Aufgaben an den Erfolg Ihrer Tätigkeit? Wie klar ist Ihnen das Ziel und wie genau kennen Sie Ihre Mittel? Formulieren Sie nun Ihre persönliche Flow-Checkliste. Nutzen Sie diese bei der Planung zukünftiger Aufgaben.

BEISPIEL

Martin Häusler formuliert seine persönliche Flow-Checkliste:

- Das Ziel meiner Tätigkeit ist klar umrissen. Es ist interessant und herausfordernd für mich.

- Äußere Ablenkungen, z B. das Smartphone, stelle ich, wenn möglich, ab. Alle nötigen Arbeitsmittel habe ich vor mir liegen.

- Ich habe mein Ziel vor Augen und kenne die notwendigen Schritte zum Ziel.

- Ich setze meine Stärken ein, achte auf das, was funktioniert, und freue mich über meine Fortschritte. Das verstärkt meinen Flow.

- Ich bin vollständig präsent im Hier und Jetzt.

Fragen Sie auch Ihre Mitarbeiter nach deren Flow-Erlebnissen. Achten Sie auf ihre Stimme und Körpersprache, wenn sie darüber erzählen. Sie werden erstaunt sein, wie gut die Wirkung des Flow erkennbar ist. Machen Sie sich gemeinsam daran, die zukünftigen Aufgaben entsprechend zu gestalten.

Positives Selbstportrait: persönliches Wachstum fördern

Viele Menschen haben ein eher negatives Selbstbild von sich. Sie sehen ihre Stärken nicht, obwohl sie – für andere ganz offensichtlich und unzweifelhaft – vorhanden sind. Ein negatives Selbstbild wirkt sich immer ungünstig aus. Es erzeugt Angst nicht zu genügen, und kann, wenn es stark ausgeprägt ist, sogar zu Depressionen führen. Lenken Sie daher Ihren Fokus auf das, was in Ihnen steckt, und kreieren Sie ein positives inneres Bild von sich.

Vom negativen zum positiven Selbstbild

Die folgende sicherlich für viele herausfordernde Übung hilft Ihnen dabei, ein negatives Selbstbild zu korrigieren. Sie unterstützt Sie sehr effektiv darin, Ihre besonderen Fähigkeiten und Stärken herauszufinden, und zwar so, wie sie von anderen Personen in verschiedenen Kontexten wahrgenommen werden. Entwickelt wurde sie am Center for Positive Organizational Scholarship an der Michigan Ross School of Business (vgl. Quinn/Dutton/Spreitzer 2003).

Übung: Positives Selbstbild (in Anlehnung an Blickhan, 2015)

- Notieren Sie auf einer Liste 10 bis 20 Personen, die Sie kennen, z. B. Freunde, Kollegen, Familie. Bitten Sie sie z. B. in einer E-Mail darum, Ihnen ein kurzes und ehrliches Feedback zu geben. Vielleicht leiten Sie die Bitte ein mit dem Hinweis, dass Sie gerade eine persönliche Weiterbildung machen. Stellen Sie folgende Fragen: Welche drei bis vier Stärken fallen dir spontan zu mir ein? Welches konkrete Beispiel fällt dir zu jeder Stärke ein (was, wie, wo, wann)?

- Nachdem alle Antworten angekommen sind, finden Sie Gemeinsamkeiten und bündeln Sie die Ergebnisse. Vielleicht haben Sie Lust, daraus eine Mindmap zu erstellen.

- Schreiben Sie dann in 15 Minuten aus dem Bauch heraus Ihr Selbstportrait auf. Nutzen Sie die Schlüsselworte aus den Rückmeldungen und erweitern Sie so Ihr Selbstbild.

Sie werden merken, wie ungewohnt es ist, so viel positive Rückmeldung über sich selbst zu erhalten. Ihnen werden Ihre Stärken bewusster. Neue Ideen, wie Sie diese nutzen können, entstehen. Ihr Selbstwertgefühl wächst und Sie sind stolz auf sich und Ihre Möglichkeiten, im Alltag einen positiven Unterschied zu machen. Wie wäre es, wenn Sie in Zukunft von diesem neuen Stärkenbewusstsein noch intensiver profitieren? Hierbei hilft die folgende Übung.

Positives Denken intensivieren

Setzen Sie sich für die nächsten 3 bis 6 Monate konkrete Ziele, um Ihre Stärken bewusster einzusetzen. Überlegen Sie sich für jeden Lebensbereich ein Ziel mit konkreten wöchentlichen Umsetzungsschritten. Tragen Sie die Schritte in Ihren Kalender ein. Erfreuen Sie sich einmal pro Woche in einer kurzen schriftlichen Reflexion über die positiven Ergebnisse. Hilfreich kann es sein, wenn Sie dafür ein Heft anlegen.

Auf einen Blick: Stark im Berufsalltag

- Nur wer engagiert bei der Sache ist, erledigt seinen Job gut und vor allem auch gerne. Engagement ist messbar und kann wirkungsvoll beeinflusst werden.

- Fördern Sie die Selbstwirksamkeit, Hoffnung, Resilienz und den Optimismus Ihrer Mitarbeiter und steigern Sie so deren psychologisches Kapital.

- Derjenige, der seine Arbeit als Berufung begreift, arbeitet besser und ist zufriedener als derjenige, bei dem nur das Geld oder die Karriere eine Rolle spielen.

- Autonomie, Bindung und Kompetenz: Wenn diesen psychischen Grundbedürfnissen Rechnung getragen wird, fühlen sich Menschen wohl.

- Es gibt 24 Charakterstärken, die Menschen in unterschiedlicher Ausprägung aufweisen. Sich auf sie zu besinnen, ist die Basis dafür, sie Schritt für Schritt auszubauen und von ihnen zu profitieren.

- Wer im Flow ist, erbringt scheinbar mühelos Höchstleistungen. Gute Chefs sollten wissen, wie ihre Mitarbeiter in diesen Zustand kommen.

- Ein negatives Selbstbild hemmt die Leistungsfähigkeit. Bringen Sie Ihre Mitarbeiter dazu, sich positiver zu sehen.

Starke Führungskräfte – starke Vorbilder

Wir orientieren uns an Vorbildern und schauen uns viel von anderen Menschen ab. Damit beginnen wir schon in frühester Kindheit. Und auch später im Berufsleben gilt dieses Prinzip. Wenn der Chef stärken- und lösungsorientiert denkt und handelt, überträgt sich das auch auf seine Mitarbeiter.

In diesem Kapitel erfahren Sie u. a.,

- wie Sie sich selbst auf positiven Kurs bringen,

- was Sie tun können, um ein positives Klima zu schaffen,

- warum es dafür wichtig ist, die eigene Achtsamkeit zu trainieren.

Machen Sie den Anfang!

Wer in seiner Abteilung, in seinem Team oder gar im ganzen Unternehmen nachhaltig eine positive, lösungsorientierte Kultur schaffen möchte, muss zunächst bei sich selbst starten.

BEISPIEL

Michael Karstens erfährt durch eine Mitarbeiterbefragung, dass sein Team mit der Art seiner Führung unzufrieden ist. In der Abteilung herrscht überwiegend Egoismus, jeder ist sich selbst der nächste. Das Mitarbeiterengagement ist gering. Man macht Dienst nach Vorschrift. Es gibt viele ungelöste Konflikte. Während eines Coachings kommt Herr Karstens zu der Erkenntnis, dass alles das viel mit seinem bisherigen Führungsstil zu tun hat. Bisher hat er dieses Thema eher verdrängt, oft die Schuld auch bei den Mitarbeitern gesucht. Jetzt will er es aber endlich einmal angehen und sich selbst und seinen Führungsstil weiterentwickeln. Zuerst möchte er an seiner aktuellen Unzufriedenheit arbeiten. Auch die eigene Lebens- und Arbeitseinstellung soll positiver werden.

Nur wenn Sie als Vorbild vorangehen und authentisch eine neue positive, lösungsorientierte Kultur vorleben, werden Sie Ihre Mitarbeiter von deren Vorteilen überzeugen. Sie können sie nicht dazu drängen und Ihnen die Positivität verordnen. Inspirieren Sie sie lieber mit Ihrer eigenen persönlichen Entwicklung und regen Sie den Dialog zu diesem Thema an. So machen Sie sich gemeinsam auf den Weg zu mehr Arbeitsfreude und Produktivität. Die wiederkehrende Reflexion über das, was Schritt für Schritt immer besser funktioniert und mehr Spaß macht, lässt Sie als Team am Ball bleiben. Von der Misserfolgsspirale führen Sie Ihr Team in die Erfolgsspirale: weg vom negativen schwächen- und defizitorientierten Denken und Handeln hin zu mehr Stärkenorientierung, bis genau das zur Gewohnheit wird. Die dabei aufkommenden alltäglichen Probleme werden nicht ignoriert oder verdrängt, sondern angegangen und gelöst.

Positive Emotionen: der Nährboden für Wachstum

Wie können Sie starten und sich selbst in eine positive Erfolgsspirale bringen? Die Psychologin Barbara Fredrickson beschreibt in ihrem Buch »Die Macht der guten Gefühle« eindrucksvoll, wie wichtig positive Emotionen für uns sind, um unsere eigenen Ressourcen aufzubauen. Positive Emotionen erweitern unseren Horizont. Wir bekommen mehr mit, betrachten Situationen aus mehreren Blickwinkeln und haben so mehr Spielraum und Wahlmöglichkeiten für unser Handeln. Negative Emotionen hingegen schränken unseren Blickwinkel ein und blockieren uns eher. Viele von uns kennen dies aus Prüfungssituationen: Wenn wir glauben, die Aufgabe nicht zu schaffen, werden wir immer nervöser, bis schließlich gar nichts mehr geht.

Ihr erklärtes Ziel sollte es daher sein, positive Momente im Alltag häufiger und bewusster zu erleben. Doch leider fällt es uns viel leichter, die negativen Momente zu identifizieren und zu benennen. Immerhin nehmen wir diese dreimal stärker wahr. Dadurch erleben wir sie auch intensiver und erinnern uns schneller daran. Die positiven Momente fallen uns dagegen weniger stark im Alltag auf, zumal wir uns auch oft nicht die Zeit nehmen, sie zu genießen und auszukosten. Der nächste Punkt auf der To-do-Liste wartet ja schließlich schon.

Warum es Zeit wird umzuschalten

Welche positiven Momente haben Sie in den letzten 24 Stunden erlebt? Versuchen Sie einmal spontan fünf dieser Situationen zu finden und diese im Detail zu beschreiben. Das fällt Ihnen schwer oder ist sogar unmöglich? Dann wird es Zeit, eine neue achtsame Bewusstheit für die positiven Momente in Ihrem Leben zu entwickeln.

Wichtig dabei ist, negative Erlebnisse oder Probleme nicht zu verdrängen, sondern sie zu akzeptieren und gleichzeitig in den Lösungs- und Lernmodus umzuschalten. Statt sich in das Problem einzugraben und sich womöglich selbst zu bemitleiden, nehmen Sie es schneller an und sehen es als Chance, mehr Selbstwirksamkeit und Resilienz zu entwickeln. Die Positive Psychologie ist eben mehr als reines positives Denken. Sie beruht auf empirischen Forschungen, die nachweislich einen positiven Effekt auf den Menschen bestätigt haben. Dabei blendet sie negative Aspekte nicht aus. Auch Probleme oder negative Emotionen können eine gute Grundlage sein, um sich positiv weiterzuentwickeln. So z. B., wenn Sie ein Problem gezielt mit einer Kombination Ihrer Charakterstärken für sich selbst lösen. Die positive Grundhaltung, die Sie dabei peu à peu entwickeln, wird Ihnen bei der Lösung künftiger Probleme wertvolle Dienste leisten.

So profitieren Sie, wenn Sie den Grad Ihrer Positivität steigern
Ihr Immunsystem funktioniert besser, Sie werden seltener krank bzw. die Krankheitsdauer verringert sich.
Ihre sozialen Kompetenzen verbessern sich. Sie werden feinfühliger.
Sie sind optimistischer, kreativer und flexibler.

Barbara Fredrickson nennt ihre Theorie die Broaden-and-Build-Theorie. Positive Emotionen führen dazu, dass sich Ihre Wahrnehmung erweitert (broaden): Sie nehmen mehr Reize wahr, sind kreativer und können leichter mit Herausforderungen umgehen. Dadurch bauen (build) Sie Ihre körperlichen, sozialen und intellektuellen Ressourcen aus.

Im Folgenden stelle ich Ihnen einige der wirksamsten Übungen vor, mit denen sich die eigene positive Grundhaltung im Alltag verbessern lässt.

Der positive Tagesrückblick

Legen Sie sich ein Notizbüchlein zu. Nehmen Sie sich jeden Abend einen Moment Zeit für sich und reflektieren Sie für einige Minuten den Tag. Notieren Sie die Antworten auf die folgenden Fragen:

1. Was waren heute die drei schönsten/positivsten Erlebnisse für mich?
2. Was genau war mein Beitrag dazu?

Die Frage 2 ist oft nicht so einfach zu beantworten. So können Sie z. B. das Wetter nicht wirklich beeinflussen. Was aber, wenn Sie einen sonnigen Tag genutzt und sich in der Mittagspause einen Spaziergang durch den Park gegönnt haben? Dabei haben Sie die Sonne ganz bewusst genossen. Sie haben die Wärme auf Ihrer Haut gespürt, tief geatmet und vielleicht sogar kurz darüber nachgedacht, wie schön es ist, zwischendurch einmal an der frischen Luft zu sein. Genau um diese Art der eigenen Einflussnahme geht es bei der Beantwortung der Frage 2.

Sie nehmen dank dieser Übung schon bald die positiven Momente im Alltag intensiver und bewusster wahr und sorgen dafür, dass sie auch häufiger stattfinden. Klar ist das nicht jeden Tag möglich. Es geht jedoch darum, das Verhältnis zugunsten der positiven Ereignisse zu verbessern, indem Sie positive Gewohnheiten kultivieren.

Viele unserer Kursteilnehmer berichten, dass ihnen in den ersten Tagen nicht genügend positive Momente einfielen, obwohl es zweifelsohne welche gegeben haben musste. Was denken Sie, haben die Teilnehmer dann am nächsten Tag gemacht? Genau! Sie haben viel bewusster auf die schönen Momente geachtet, damit sie am Abend etwas hatten, was sie aufschreiben konnten. Einige haben auch ganz aktiv dafür gesorgt, dass der Tag positiver verläuft. Mit der nächsten Übung können Sie dies sogar ganz gezielt tun.

Mini-Urlaube entdecken und planen

Wie viele Dinge am Tag machen Sie, weil Sie sie machen wollen, weil sie Ihnen guttun und Sie sich darauf freuen? Fallen Ihnen nur wenige Tagesordnungspunkte ein, die diese Kriterien erfüllen oder etwa gar keine? Dann hilft Ihnen diese Übung weiter.

1. Notieren Sie auf einer Liste Aktivitäten, die Sie gerne tun. Schreiben Sie alles auf, was Ihnen spontan einfällt. Das kann ein Urlaub, ein geschäftliches Vorhaben, ein Hobby, eine Aktivität alleine oder mit der Familie sein. Sammeln Sie erst einmal für ein paar Tage alle Ideen. In einem nächsten Schritt können Sie die Ideen clustern und Überschriften dafür finden. Sie können Sie auch mit Sternen bewerten und so diejenigen herausfiltern, die Ihnen besonders wertvoll erscheinen. Lassen Sie sich überraschen, wie viel Sie finden und geben Sie sich nicht mit 10 Aktivitäten zufrieden. Machen Sie eine lange Liste!

2. Sobald Ihnen die Liste vollständig erscheint, planen Sie 4 bis 5 Mini-Urlaube pro Woche ein, in denen Sie die Aktivitäten in die Tat umsetzen. Blocken Sie die Zeiten dafür in Ihrem Kalender.

3. Tun Sie es! Keine Ausreden! Nehmen Sie Ihre Wunschaktivitäten mindestens genauso wichtig wie all die anderen Aufgaben. Es geht um Sie und Ihre Lebensqualität.

4. Genießen Sie jede Sekunde ganz bewusst! Das geht natürlich nicht, wenn Sie mittendrin gedanklich schon wieder bei der nächsten Aufgabe sind. Bleiben Sie im Hier und Jetzt und genießen Sie den Moment. Leben findet immer nur im Moment statt.

5. Reflektieren Sie Ihre Mini-Urlaube z. B. im positiven Tagesrück-
   blick (siehe dazu die Übung aus dem Abschnitt zuvor), bevor
   Sie die nächsten Mini-Auszeiten planen. Was hat Ihnen dabei
   besonders gut getan? Was möchten Sie auf jeden Fall wiederholen?

6. Freuen Sie sich über die positive Entwicklung. Sie selbst sind
   deren Urheber!

Ihr Portfolio an positiven Emotionen

Vor allem in stressigen Momenten oder in Problemsituationen
fällt es uns manchmal schwer, uns auf unsere Stärken zu besinnen. Wir sehen dann häufig nur das Problem, denken: »Ich
schaff das nicht!«, und eine Lösung ist weit und breit nicht in
Sicht. Hinterher sind wir oft schlauer. Im aktuellen Moment
braucht es jedoch meist einen Impuls, um sich auf die eigenen
Ressourcen zu besinnen. Oft reicht dazu ein Gedanke, ein Per-
spektivwechsel oder einfach etwas Abstand. Auch positive Gefühle haben die Kraft, negative Emotionen auszugleichen, um
so selbst in schwierigen Situationen neue Wahlmöglichkeiten
zu entdecken. Dieser Effekt konnte in Studien nachgewiesen
werden (vgl. Fredrickson/Mancuso/Branigan 2000).

So lernen Sie, positive Emotionen abzurufen, wann immer Sie
sie brauchen, um schwierige Situationen besser zu meistern:
Legen Sie sich für diese Emotionen ein Portfolio, eine Auswahl
an Erinnerungshilfen zu.

1. Überlegen Sie dazu, wann Sie die jeweilige Emotion besonders intensiv erlebt haben.

2. Finden Sie dann Fotos, Gegenstände, Zitate oder Ähnliches, die Sie an die Situationen erinnern. Sie können auch in der weiten Welt des Internets auf die Suche gehen, um passende Bilder zu finden.

Emotion	Situation	Erinnerungshilfe
Freude		
Dankbarkeit		
Gelassenheit		
Interesse		
Hoffnung		
Stolz		
Inspiration		
Vergnügen		
Ehrfurcht		
Liebe		

BEISPIEL

Für Martina Meier gibt es nichts Schöneres, als nach einer langen Wanderung auf dem Gipfel eines Berges zu stehen. Sie fühlt dann eine unbändige Dankbarkeit und Freude, an diesem schönen Ort zu sein, und genießt den herrlichen Blick. Das Foto, das sie von diesem wundervollen Moment macht, wird sie später als Hintergrundbild auf ihren PC laden. So kann sie sich dieses Gefühl immer wieder in Erinnerung rufen.

Wichtig ist dafür zu sorgen, dass Sie sich mehrmals am Tag an die positive Situation und das damit verbundene Gefühl erinnern. Achten Sie darauf, was sich dadurch für Sie ändert. Nehmen Sie den positiven Unterschied wahr. Indem Sie sich auf das Gefühl in Ihrem Körper konzentrieren, werden Sie immer besser darin, es zu spüren und zu verstärken. Fragen Sie sich, wo genau Sie die Freude oder Dankbarkeit spüren, finden Sie heraus, in welche Richtung sich das Gefühl ausbreitet, wenn es stärker wird. Mit etwas Übung steigern Sie so Ihre Fähigkeit, Ihre Gefühle differenzierter und auch intensiver wahrzunehmen.

Die 10 C des Engagements

Mitarbeiter sollten mit Leidenschaft und Engagement bei der Sache sein, damit sie bereit sind, mit all ihrem Potenzial zum Unternehmenserfolg beizutragen. Häufig lesen wir in Unternehmensleitlinien die folgende Aussage: Unsere Mitarbeiter sind unsere wichtigste Ressource. Wird dies jedoch auch von den Mitarbeitern so erlebt? Die jährlichen Erhebungen des Gallup Instituts oder der Unternehmensberatung Towers Watson zeigen deutlich, dass es für viele Unternehmen auf diesem Gebiet noch jede Menge Handlungsbedarf gibt (siehe hierzu das Kap. »Warum es höchste Zeit ist umzudenken«). Bisher lag der Fokus vor allem auf dem Qualitätsmanagement, auf der Standardisierung von Prozessen und dem Controlling. Nur wenige haben bisher erkannt, dass der entscheidende Wettbewerbsfaktor in Zukunft der Mensch sein wird.

Dan Crim und Gerard Seijts von der Ivey Business School in Ontario haben 2006 im Rahmen ihrer Studien zusammengefasst, was das Engagement von Mitarbeitern im Unternehmen beeinflusst. Herausgekommen sind die sog. 10 C des Mitarbeiterengagements.

C1: Connect – Verbindungen aufbauen

Je vertrauensvoller, intensiver und offener die Verbindung zwischen Ihnen und Ihren Mitarbeitern ist, desto wohler fühlen sie sich und desto mehr sind sie bereit sich einzubringen.

Das Engagement der Mitarbeiter ist also deren direktes Feedback, wie sie die Beziehung zu ihrer Führungskraft und zu den Kollegen im Team erleben. Die Mitglieder besonders erfolgreicher Teams sind intensiver miteinander in Verbindung. Sie tauschen mehr Informationen untereinander aus und teilen ihre Erfolgserlebnisse. Sie kommunizieren insgesamt konstruktiver und lösungsorientierter.

Führungskräfte mit ihrem Kommunikationsverhalten prägen die Kommunikationskultur im Unternehmen. Es ist also an Ihnen, genau das vorzuleben. Neben der Art, wie Sie Ihren Mitarbeitern Feedback geben, spielt dabei vor allem die Qualität, mit der Sie ihnen zuhören, eine wichtige Rolle. Fragen Sie sich deshalb:

- Bin ich wirklich voll und ganz bei dem, was mein Mitarbeiter mir mitteilt?

- Höre ich nur die sachlichen Informationen oder bekomme ich auch mit, wie es meinem Mitarbeiter gerade emotional geht?

Wirklich zuzuhören ist gar nicht so einfach. Machen Sie sich das Zuhören zur Wochenaufgabe. Achten Sie in allen Gesprächen, die Sie führen, auf die folgenden drei Dimensionen des Zuhörens.

1. Sachlich zuhören: Welche Fakten und Informationen teilt mir mein Gegenüber mit? Was muss ich dazu noch wissen?

2. Emotional zuhören: Wie geht es meinem Mitarbeiter? Welche Gefühle löst das Thema bei ihm aus? Spiegeln Sie Ihren Mitarbeitern, was emotional bei Ihnen ankommt. Beispiel: »Das klingt so, als würde Sie das richtig stolz machen. Das freut mich wirklich sehr.« Achten Sie darauf, dass diese Botschaft von Herzen kommt. So bauen Sie eine emotionale Verbindung auf.

3. Schöpferisch zuhören: Welche Chancen stecken in dem, was mein Mitarbeiter mir erzählt? Welche Stärken kann ich heraushören und ihm bewusst machen? Wie könnte das dem Mitarbeiter, dem Team oder dem ganzen Unternehmen nützlich sein?

Praktizieren Sie diese Art des Zuhörens, wird die Qualität des Miteinanders ein neues Niveau erreichen. Sie erfahren mehr von den inneren Prozessen Ihrer Mitarbeiter und können sie als »Coach« bei ihrer Weiterentwicklung viel besser begleiten und zu Wachstum inspirieren.

C2: Career – Herausforderungen meistern

Wirklich Freude an der Arbeit haben Menschen meist nur, wenn sie das Gefühl haben, damit etwas zu erreichen und sich weiterzuentwickeln. Sie benötigen also immer wieder Aufgaben, die für sie sinn- und wertvoll sind, an denen sie wachsen können.

Beteiligen Sie Ihre Mitarbeiter an der Aufgabenfindung und -gestaltung. Stellen Sie hierfür alle notwendigen Mittel zur Verfügung und machen Sie Ihren Mitarbeitern Mut, damit sie sich auch an herausfordernde Aufgaben herantrauen.

C3: Clarity – für Klarheit und Transparenz sorgen

Geht es uns nicht allen so? Wir wollen wissen, wofür wir etwas tun. Wir möchten die Ziele und Strategien unseres Arbeitgebers kennen und uns als einen wichtigen Teil des großen Ganzen begreifen. Auch Ihren Mitarbeitern geht es so. Vermitteln Sie ihnen daher, wohin die Reise gehen soll, welche Rolle und Aufgaben sie dabei haben und wie sie zum Erfolg beitragen können.

Viele Chefs führen auch heute noch ihre Mitarbeiter, indem sie ihnen Zahlen vorgeben, die zu erreichen sind. Das geht schnell und ist wunderbar kontrollierbar, löst aber meist nur Frustration und Druck aus. Anders sieht es aus, wenn Ziele vorgegeben werden, die einen erkennbaren Nutzen stiften. Kommunizieren Sie dabei wie ein Coach im Sport. Sprechen Sie darüber, was Sie erreichen möchten und welche Strategien dafür hilfreich sind. Oder haben Sie schon einmal einen Fußballtrainer erlebt, der am Spielfeldrand steht und ständig »3:0!« ruft? Vermutlich nicht. Der Coach erinnert eher an die vereinbarte Spielstrategie und an die Konzentration auf die Qualitäten im Zusammenspiel. Genau das sollten Sie auch tun.

BEISPIEL

Im Vertrieb könnten solche Ziele so aussehen: Erhöhung der Kundenzufriedenheit, Steigerung der Stammkundenquote, Rückgang der Kundenbeschwerden, Neukundengewinnung, wichtige Kundendaten erfassen. Aus diesen Zielen lassen sich im Dialog mit den Mitarbeitern konkrete Maßnahmen und Vorgehensweisen ableiten.

Das alles geht natürlich nur, wenn Sie selbst ein klares inneres Bild von dem Kurs haben, der eingeschlagen werden soll. Falls Sie die Vision und die Ziele Ihres Unternehmens nicht genau kennen und selbst für Ihre Abteilung noch keine Strategie entwickelt haben, dann ist es eine Ihrer Führungsaufgaben, dies möglichst schnell zu tun.

C4: Convey – vermitteln und kommunizieren

Die eigenen Erwartungen an die Mitarbeiter klar kommunizieren, die kleinen positiven Unterschiede und Fortschritte bemerken und diese Ihren Mitarbeitern auch häufig rückmelden, darum geht es vor allem in der Führung. Es ist durchaus eine Herausforderung, derart achtsam im Alltag zu sein. Zu voll ist oft der Kalender, zu lang die eigene To-do-Liste.

Machen Sie eine Bestandsaufnahme: Wie viel Zeit verbringen Sie mit Führung? Überlegen Sie, mit welchen Tätigkeiten Sie in letzter Zeit Ihre Arbeitstage verbracht haben und ob das Verhältnis für Sie und Ihre Wirksamkeit als Führungskraft so passt. Wie war der Anteil an Sach-, Planungs- und Führungsaufgaben? Teilen Sie all Ihre Tätigkeiten in diese drei Kategorien auf. Wie viel Prozent davon entfallen auf die Führung Ihrer Mitarbeiter? Das Ergebnis hängt sicher von der Anzahl Ihrer Mitarbeiter ab und wie selbstständig diese bereits arbeiten. 30 bis 40 % sollten es jedoch in den meisten Fällen schon sein, oft sogar noch mehr. Finden Sie heraus, welcher Anteil für Sie zurzeit optimal wäre. Je stärker Sie Ihre Mitarbeiter dabei unterstützen, ihre Potenziale zu entfalten, und je stärker Sie ihre Eigenverantwortung fördern, desto weniger Zeit für Führung werden Sie in Zukunft benötigen.

C5: Congratulate – loben und feiern

Dieses C erklärt sich von selbst. Wir wissen alle, wie wichtig ein echt gemeintes Lob ist. Ein erreichtes Ziel zu feiern und sich gemeinsam ausgiebig darüber zu freuen, ist wichtig für ein Team – auch das ist bekannt. Im Berufsalltag wird jedoch allzu oft bei Zielerreichung gleich das nächste Ziel anvisiert, frei nach dem Ja-aber-Prinzip: »Okay, das haben wir erreicht, aber das hier, das noch nicht«. Ein solches Denken ist nicht verwunderlich, da wir evolutionsbiologisch darauf gepolt sind, uns auf das zu fokussieren, was nicht passt und noch nicht ausreichend vorhanden ist. Trainieren Sie also immer wieder ganz bewusst Ihre Fähigkeit, positive Rückmeldungen zu geben.

C6: Contribute – den Beitrag kennen

Lassen Sie Ihre Mitarbeiter immer wieder wissen, wie sie zum Erfolg des Unternehmens beitragen. Sie wollen hören, dass ihre Tätigkeit wichtig ist. Im Alltag verlieren wir schnell den Blick für das große Ganze. Wir tauchen ab in unseren eigenen kleinen Kosmos. Über den Tellerrand zu schauen oder einmal einen Blick von außen auf das, was gerade passiert, zu richten, fällt vielen schwer. Sprechen Sie mit Ihren Mitarbeitern über die kleinen und großen Beiträge, die ihre Arbeit, ihre Ideen und Innovationen, ihr Engagement bewirken. Sagen Sie ihnen, wie wichtig es für das Unternehmen und das Team ist, dass sie sich so einsetzen. Dies ist noch mehr als ein Lob, es macht ihnen die positiven Auswirkungen ihrer Handlungen bewusst.

C7: Control – Einfluss und Initiative zulassen

Menschen sind keine Roboter. Individuen wollen Einfluss nehmen und ihre Arbeitsprozesse zumindest zum Teil selbst bestimmen und gestalten. Selbst die klarste Vorgabe und der genaueste Standard können nicht verhindern, dass Mitarbeiter immer etwas an ihrer Aufgabe ändern werden – sei es bewusst oder unbewusst. Nutzen Sie diese Eigeninitiative und den Wunsch nach Eigenständigkeit. Lassen Sie Ihre Mitarbeiter viele Aufgaben selbst gestalten und sorgen Sie dafür, dass das, was besonders gut funktioniert, auch andere erfahren. Damit erzeugen Sie Synergien und profitieren von den unterschiedlichen Stärken und Qualitäten Ihrer Mitarbeiter.

C8: Collaborate – Zusammenarbeit stärken

Eigenverantwortliches, selbstständiges Arbeiten und gegenseitige Unterstützung findet man vor allem in Teams, die sich gut verstehen und in denen das gegenseitige Vertrauen groß ist. Studien zeigen immer wieder, dass Teams, die gut zusammenarbeiten, mehr erreichen als eine Gruppe von Einzelkämpfern.

Sorgen Sie als Moderator für einen regelmäßigen Austausch, damit nicht etwa wertvolle Informationen zurückgehalten werden. Geben Sie Ihren Mitarbeitern Zeit und Raum, um über das zu sprechen, was gerade gut läuft bei ihren Projekten und wo sie noch Herausforderungen sehen. Stellen Sie lösungsorientierte Fragen in die Runde und regen Sie gegenseitige Unterstützung an.

C9: Credibility – glaubwürdig sein

Dieses C bezieht sich sowohl auf die eigene Glaubwürdigkeit als auch auf die des Unternehmens. Stimmig werden Sie dann erlebt, wenn Sie sich an Absprachen halten, Ihre Werte leben. Wenn das, was Sie sagen, zu Ihrer inneren Haltung passt. Achten Sie also darauf, dass Sie auch das vorleben, was Sie kommunizieren. Wenn Sie Ihren Mitarbeitern mitteilen, das Unternehmen müsse bei den Spesen sparen, sollten Sie den Rotstift auch bei sich selbst ansetzen: ein teures Hotel, Flüge in der Business-Class wären hier das falsche Signal. Auch Authentizität spielt eine große Rolle. Seien Sie einfach Sie selbst. Zu oft wollen wir etwas darstellen, was wir nicht sind, weil wir glauben, dass das genau so erwartet wird. Diese Inkongruenz wird jedoch von anderen schnell wahrgenommen.

C10: Confidence – Vertrauen aufbauen

Gute Führungskräfte helfen ihren Mitarbeitern dabei, Vertrauen zum Unternehmen zu fassen. Verhalten Sie sich ethisch einwandfrei und seien Sie mit Ihrer Leistungsbereitschaft und dem Glauben an das Unternehmen ein Vorbild für Ihre Mitarbeiter.

Der 10C-Wochenplan

Die folgenden Leitfragen helfen Ihnen dabei, sich immer wieder zu vergegenwärtigen, worauf Sie im Alltag achten möchten, um das Engagement Ihrer Mitarbeiter zu fördern. Vielleicht etablieren Sie auch für sich ein Motto der Woche und greifen sich dazu regelmäßig einen Schwerpunkt aus den 10 C heraus.

Meine Leitfragen für mehr Mitarbeiterengagement		
1	Connect	Wie fördere ich eine tiefe, offene und herzliche Verbindung im Team?
2	Career	Welche Herausforderungen kann ich meinen Mitarbeitern bieten? Welche Aufgaben kann ich an sie delegieren?

Meine Leitfragen für mehr Mitarbeiterengagement		
3	Clarity	Wie sorge ich für Klarheit und Transparenz?
4	Convey	Welche positiven Rückmeldungen werde ich heute geben können?
5	Congratulate	Wann kann ich heute ausgiebig loben und Erfolge feiern?
6	Contribute	Wie mache ich meinen Mitarbeitern ihren wichtigen Beitrag zum großen Ganzen bewusst?
7	Control	Welchen Einfluss kann ich gewähren und welche Initiative aktivieren?
8	Collaborate	Wie fördere ich diese Woche unsere Zusammenarbeit?
9	Credibility	Wie kann ich noch glaubwürdiger sein?
10	Confidence	Mit welchen Maßnahmen und welchem Verhalten kann ich Vertrauen aufbauen?

Im Hier und Jetzt sein: Trainieren Sie Ihre Achtsamkeit

BEISPIEL

Es ist ein ganz normaler Tag. Simone, Führungskraft im mittleren Management eines großen Telekommunikationsunternehmens, hastet von Termin zu Termin. Währenddessen füllt sich der Eingangsordner ihres Mailfachs mit weiteren Themen, um die sich dringend kümmern müsste. Dabei stemmt sie derzeit ein wichtiges Projekt, mit dem sie endlich zeigen könnte, dass sie für die nächste Beförderung genau die Richtige ist. Es schwirren ihr tausend Gedanken durch den Kopf: die verpatzte Präsentation von letzter Woche, der Streit gestern mit ihrem Partner, die Kritik ihres Chefs, sie solle sich mehr konzentrieren. Sie wirke immer so abwesend. Der hat vielleicht gut reden! Dem aktuellen Meeting kann sie kaum folgen, weil ihr Gedankenkarussell gerade mal wieder auf Hochtouren läuft.

Kennen Sie solche Tage auch? Wir sind mit unseren Gedanken im Morgen oder im Gestern und verpassen dadurch die Möglichkeit im Hier und Jetzt wirksam zu sein. Mögliche Chancen Einfluss zu nehmen, ziehen an uns vorbei, weil wir längst schon wieder beim nächsten Thema sind, das auf eine Lösung wartet. Kreative Ideen hören wir nicht heraus. Zukünftige Entwicklungspotenziale entdecken wir nicht, da wir nicht voll und ganz bei der Sache oder bei unserem Gesprächspartner sind. Wir befinden uns im Autopilotenmodus, gesteuert von äußeren Einflussfaktoren. Sobald unser Smartphone piept, sind wir bereits beim nächsten Tagesordnungspunkt. Die nächste Ablenkung ist immer nur einen Klick entfernt. Aber mit welchen Folgen? Was passiert mit den Menschen, die immer online sind, ständig mehr erreichen und am besten alles perfekt und ohne Fehler erledigen wollen? Die psychische Belastung steigt, stressbedingte Krankheiten nehmen zu. Das trifft vor allem die sog. High Performer. In der Spirale hin zu immer mehr und mehr Leistung werden psychische Belastungsstörungen immer häufiger.

Der Weg, der aus diesem Dilemma führt, heißt Achtsamkeit. Achtsamkeit wird seit tausenden Jahren quer über den Erdball mit Erfolg praktiziert. Mittlerweile wurde in Studien nachgewiesen, wie wirkungsvoll es ist, sich in Achtsamkeit zu üben. Achtsamkeitstraining ist quasi ein Training für den Geist, das erstaunlich schnell wirkt. Schon nach einigen Wochen werden Sie die positiven Wirkungen spüren, die regelmäßige Achtsamkeitsübungen haben.

- Sie reduzieren Stress.
- Sie stärken Ihr Immunsystem.
- Sie sind leistungsfähiger.
- Sie werden kreativer.
- Sie sind sensibler für den aktuellen Kontext.
- Sie sind aufmerksamer und bekommen mehr mit.
- Sie erkennen eher neue Chancen und stellen neue Verknüpfungen her.
- Sie können sich besser konzentrieren.
- Sie sind zuversichtlicher und steigern Ihr Engagement, bleiben länger an einer Sache dran.

Achtsamkeit erfordert ein Umdenken. Für viele Menschen ist es eine Herausforderung, ihre Gewohnheiten im Alltag zu verändern. Veränderung erfordert Willensstärke. Allzu gerne stellen wir wieder auf Autopilot um, weil uns das bequemer erscheint. Doch es lohnt sich, achtsamer zu werden. Und es braucht auch nicht viel Zeit, um von den positiven Effekten der Achtsamkeitsübungen zu profitieren. Bereits mit jeweils 10 Minuten pro Tag werden Sie eine Wirkung erzielen.

Achtsamkeitsübungen

Die folgende Übung, die etwa 5 bis 10 Minuten dauert, können Sie ganz einfach in Ihren Tag integrieren. Machen Sie sie idealerweise am Morgen, noch bevor Sie Ihr Smartphone, den Computer oder das Tablet eingeschaltet haben. Sie können die Übung auch auf dem Weg zur Arbeit durchführen, wenn Sie in der U-Bahn oder im Bus sitzen.

Übung: Achtsames Atmen

Nehmen Sie eine aufrechte Sitzposition ein und schließen Sie die Augen. Konzentrieren Sie sich nun ganz auf Ihre Atmung. Spüren Sie beim Einatmen, wie die Luft in Ihre Lunge strömt, sich Ihre Bauchdecke hebt, Ihr Brustkorb sich weitet. Nehmen Sie genauso die Ausatmung wahr. Wann immer Gedanken auftauchen, lassen Sie sie zu, jedoch ohne sie zu werten. Beobachten Sie eher mit Neugier, welche Gedanken auftauchen, lassen Sie sie ziehen und kehren Sie immer wieder mit Ihrer Wahrnehmung zurück zu Ihrer Atmung.

Es ist wie bei einem Muskeltraining: Mit zunehmender Übung wird Ihre Achtsamkeit stärker. Sie können immer länger achtsam im Hier und Jetzt bei Ihrer Atmung bleiben.

Schon bald erleben Sie auch in anderen Situationen des Alltags die positiven Auswirkungen Ihres täglichen Trainings. Sie werden konzentrierter, gelassener und achtsamer mit sich und Ihren Mitmenschen.

Spüren Sie die ersten Fortschritte beim achtsamen Atmen, bietet es sich an, Ihre Übungen auf den Tag auszuweiten und ganz bewusst Ihre Achtsamkeit in unterschiedlichen Situationen zu trainieren.

Übung: Achtsamer Spaziergang

Sie können einen achtsamen Spaziergang, so z. B. in der Mittagspause, machen. Nehmen Sie beim Gehen Ihre Atmung und auch Ihre Schritte wahr, die Geräusche um Sie herum und auch die visuellen Eindrücke, die Gesichter, die Natur, die Farben. Eben alles, was Sie im jeweiligen Moment sehen, hören und spüren, ja, vielleicht auch schmecken oder riechen.

Nehmen Sie bei den Achtsamkeitsübungen Dinge und Empfindungen nur wahr, werten Sie sie nicht. Sobald Sie etwas bewerten, sind Sie schon nicht mehr so offen und frei in Ihrer Wahrnehmung. Dies gilt natürlich auch für die Gespräche mit Mitarbeitern, Kollegen und Partnern.

Bedenken Sie: Es ist nahezu unmöglich, die heutigen Probleme mit den Lösungen von gestern zu meistern. Achtsam sein bedeutet wahrzunehmen was ist, absichtsvoll im Moment zu sein, ohne zu werten. Häufig gehen wir ganz unbewusst schon mit einer Vorannahme in das Gespräch, die auf einer Bewertung beruht. Damit verbauen wir uns jedoch oft die Chancen auf ganz neue Lösungen.

BEISPIEL

Sie wollen mit Ihrem Mitarbeiter Hans Müller über sein ständiges Zuspätkommen sprechen. Es ist nicht das erste Gespräch darüber. Überprüfen Sie Ihre innere Haltung. Haben Sie bereits vor dem nun folgenden Gespräch eine Wertung/Vorannahme zu Herrn

> Müller getroffen? Wie offen und achtsam für ganz neue Lösungen können Sie in einem solchen Gespräch sein? Wie wäre es, wenn Sie ohne Erwartung in das Gespräch gehen würden und sich voll und ganz im Hier und Jetzt auf das, was ist, einlassen? Was denken Sie, wann haben Sie eher die Chance aus dem alten Muster auszubrechen und einen ganz neuen gemeinsamen Weg zu finden?

Hier noch einige Anregungen, um Ihre Achtsamkeit im Alltag zu trainieren:

- Starten Sie Ihr Achtsamkeitstraining schon am Morgen – sei es unter der Dusche oder während Sie Ihre Zähne putzen. Seien Sie nur bei dem, was gerade geschieht.

- Achtsam frühstücken: Genießen Sie jeden Bissen! Betrachten Sie das Essen in Ihrer Hand, fühlen Sie dessen Konsistenz, schmecken Sie die Süße oder Säure, spüren Sie den Bewegungen Ihrer Kiefermuskulatur nach. Machen Sie sonst nichts anderes.

- Achtsam zuhören: Nehmen Sie mit allen Sinnen alles wahr, was ist – das, was Ihr Gegenüber sagt, die Art der Modulation, Gestik und Mimik, die Emotionen Ihres Gesprächspartners. Nehmen Sie auch wahr, wie die Botschaft bei Ihnen ankommt und was sie bei Ihnen auslöst. Tun Sie das alles wieder, ohne zu werten! Fragen Sie nach, wenn Sie mehr wissen möchten oder Ihnen nicht klar ist, was genau gemeint ist. Mit dieser Übung trainieren Sie nicht nur Ihre Achtsamkeit, Sie bauen auch mehr Vertrauen beim anderen auf und erzielen bessere Ergebnisse.

- Der 3-Minuten-Body-Scan: Machen Sie eine kurze Pause, sobald Sie den ersten Anflug von Stress erleben. Wandern Sie für 3 Minuten mit Ihren Gedanken durch Ihren gesamten Körper. Starten Sie bei Ihren Füßen, fühlen Sie den Empfindungen dort nach und wandern Sie mit Ihrer Wahrnehmung dann langsam über die Beine zum Oberkörper hin zum Nacken und bis zum Gesicht. Was fühlen Sie an den einzelnen Stellen? Atmen Sie dabei regelmäßig. Wichtig ist vor allem, langsam und wirklich tief auszuatmen. Das beruhigt und verhindert weiteren Stressaufbau.

  Erst nach diesem Body-Scan strukturieren Sie Ihre Gedanken und überlegen, wie Sie die Herausforderungen des Tages meistern wollen. Natürlich funktioniert das nicht in jeder Situation, aber mit etwas Training reichen Ihnen vielleicht auch schon bald drei tiefe Atemzüge und ein achtsamer Fokus auf Ihren Körper in seiner Ganzheit, um Ihren Stress abzubauen.

Mehr zum Thema Achtsamkeit lesen Sie im TaschenGuide »Achtsamkeit in Beruf und Alltag«.

Auf einen Blick: Starke Führungskräfte – starke Vorbilder

- Wer eine lösungs- und stärkenorientierte Kultur in seinem Team etablieren möchte, muss sie selbst vorleben.

- Negatives fällt uns eher auf als Positives. Man kann jedoch trainieren, dieses Verhältnis für sich umzukehren.

- Als Chef beeinflussen Sie nachhaltig das Klima, das in Ihrem Team herrscht. Nur wenn es positiv ist, schaffen Sie die Basis für das Engagement Ihrer Mitarbeiter.

- Achtsame Führungskräfte sind gute Führungskräfte. Achtsamkeit lässt sich mit einfachen Übungen trainieren.

Starke Teams

Teams sind filigrane, störungsanfällige Gebilde. Kein Wunder – in ihnen sind viele unterschiedliche Charaktere mit den unterschiedlichsten Bedürfnissen und Fähigkeiten vereint. So mancher Teamleiter fragt sich verzweifelt: Wie fördert man das Wirgefühl, wie bringt man sein Team dazu, gemeinsam Höchstleistungen zu erbringen? Auch hier hat die Positive Psychologie Antworten parat.

In diesem Kapitel erfahren Sie,

- wie Sie mit einfachen Kommunikationsübungen ein positives Teamklima schaffen,
- wie Sie für mehr Verbundenheit sorgen,
- wie Sie die Stärken aller Teammitglieder aktivieren und
- wie Sie dafür sorgen, dass alle besser zusammenarbeiten.

Gemeinsam stark: ein positives Klima schaffen

Welche Faktoren führen zu einem besseren Teamergebnis? Wie sollte die Kommunikation im Team idealerweise sein, damit bessere Ergebnisse wahrscheinlich sind?

Wichtig für die Teamleistung ist das Verhältnis zwischen positiven und negativen Interaktionen, die stattfinden. Erfolgreiche Teams haben eine wertschätzende, konstruktive und lösungsorientierte Kommunikationskultur entwickelt. Dabei geht es nicht darum, alle negativen oder kritischen Aussagen zu vermeiden. Probleme sollen erkannt und gelöst werden. Entscheidender Erfolgsfaktor für Teams ist es jedoch, dass alle miteinander offen und konstruktiv umgehen und Probleme als Lernchance nutzen, um gemeinsam noch besser zu werden.

Standortbestimmung: Wie läuft die Kommunikation in Ihrem Team?

Machen Sie in den nächsten Besprechungen eine Bestandsaufnahme. Wie viele positive, konstruktive und wertschätzende Aussagen nehmen Sie wahr? Überwiegen diese oder eher die negativen, destruktiven und abwertenden Aussagen? Achten Sie dabei auch auf körpersprachliche Rückmeldungen. Denken Sie daran, dass der größte Teil der Kommunikation nonverbal abläuft. Wer die Augen verdreht, dauernd auf die Uhr schaut,

E-Mails checkt oder den Kopf schüttelt, spricht eine klare Sprache, auch ohne etwas zu sagen.

Achten Sie auch auf Ihre eigene Mimik und Gestik. Wie gut hören Sie zu, wie konstruktiv sind Ihre Fragen und wie wertschätzend gehen Sie mit Beiträgen anderer im Meeting um? Scheuen Sie sich nicht davor, eine Strichliste zu führen. Sie werden sehen: Mit der Zeit werden Sie Profi darin zu erkennen, was einen positiven oder negativen Einfluss auf das Teamklima hat. Die folgende Übersicht gibt Ihnen Anregungen, worauf Sie dabei achten können.

Checkliste: Team-Kommunikation

- Wie verhalten sich die Teammitglieder, wenn sie einem Kollegen zuhören? Welche körpersprachlichen Reaktionen gibt es auf das Gesagte? Wird wirklich zugehört und nachgefragt? Wird positiv bestärkt?

- Wie werden neue Ideen aufgenommen? Wird nach den wertvollen Aspekten für das gemeinsame Ziel gesucht oder werden eher Probleme fokussiert?

- Wie oft wird positiv mit »Ja, und wie können wir ...«, statt mit »Ja, aber dann entsteht folgendes Problem ...«, auf einen Vorschlag eines anderen geantwortet?

- Wie viele positive und wie viele negative Erlebnisse werden berichtet? Bei Kundenkontakt: Welche Erlebnisse mit Kunden werden von Mitarbeitern erzählt?

- Wird eine problemorientierte oder eine lösungsorientierte Sprache genutzt? Gibt es eher »Probleme« oder eher »Themen«, die gelöst werden und anhand derer alle gemeinsam besser werden können? Kollektives Jammern fördert vielleicht das Teamgefühl, bringt jedoch nicht weiter.

Checkliste: Team-Kommunikation

- Wie wird Kritik geäußert? Eher anklagend mit Du-Botschaften (Beispiel: »Was hast du dir dabei bloß bei gedacht?«) oder eher sachlich beschreibend mit einer Ich-Botschaft und einem klarem Wunsch für die Zukunft?

- Wie bereitwillig unterstützen sich die Teammitglieder untereinander?

- Wie bewerten Sie die allgemeine Stimmung? Wie oft wird gelacht? Wie humorvoll sind die Teammitglieder?

Je häufiger Sie ganz bewusst darauf achten, auf welche Weise Ihre Mitarbeiter miteinander kommunizieren, desto mehr Möglichkeiten werden Sie auch für sich entdecken, Ihr Team dabei zu unterstützen, noch ziel- und lösungsorientierter zu werden und immer wieder den positiven Unterschied in den Mittelpunkt des Denken und Handelns zu rücken. Die folgenden konkreten Maßnahmen und Rituale haben sich dabei in der Praxis bewährt.

Der positive Besprechungsstart

Sicher haben Sie schon jede Menge Besprechungen erlebt. Jeder kommt aus einem anderen Kontext, hat vielleicht noch das letzte Thema im Kopf oder nicht erledigte Aufgaben im Sinn. Sorgen Sie dafür, dass alle mental im Meeting ankommen und sich auf die Besprechung einlassen. Und, ganz wichtig: Beginnen Sie positiv! Dabei kann Ihnen ein einfaches und sehr wirkungsvolles Ritual helfen. Jedes Teammitglied, der Chef eingeschlossen, erhält zum Start 1 bis 2 Minuten ungeteilte Aufmerksamkeit. Zeit, um anzukommen und etwas Positives zu berichten. Folgende Fragen bieten sich dafür an:

- Was hat in den vergangenen Tagen gut funktioniert?
- Welche positiven Kundenerlebnisse (auch interne) hat es gegeben?
- Was hat in meinem Arbeitsalltag einen positiven Unterschied gemacht?
- Was hat mich in den letzten Arbeitstagen gefreut?
- Welche Verbesserungen oder neue Ideen sind kürzlich entstanden?

Erklären Sie dem Team Ihre positive Absicht hinter diesem neuen Ritual. Wählen Sie eine Frage aus, die für möglichst alle Teammitglieder leicht zu beantworten ist. Wer anfängt, sollten Sie offen lassen. Manche Mitarbeiter starten gerne, andere hören gerne erst einmal zu. Achten Sie darauf, dass keiner unterbrochen wird und alle auch wirklich zuhören. Die Atmosphäre, die dabei entsteht, wird geprägt sein von mehr gegenseitiger Wertschätzung und Offenheit. Mit diesem Ritual erhalten auch die eher stilleren, introvertierten Mitarbeiter eine Chance, zu Wort zu kommen und ihre oft sehr wertvollen Impulse in das Team einzubringen.

BEISPIEL

> Einer meiner Klienten hat dieses Ritual »Speak and Listen« getauft und in seinem Team sehr positive Veränderungen damit bewirken können. Die Teamsitzungen haben eine neue Dynamik erhalten. Mehr Offenheit und gegenseitige Akzeptanz sind entstanden.

Der positive Wochenrückblick

Im Wochenrückblick erzählt jeder Mitarbeiter eine positive Story aus seiner vergangenen Arbeitswoche. Das kann ein Kundenerlebnis sein, der entscheidende Durchbruch bei einem Projekt oder auch ein konstruktives Gespräch mit einem Kollegen aus der anderen Abteilung.

Die Wertschätzungsrunde

Wertschätzung, das belegen zahlreiche Studien, hat viele positive Wirkungen. Gerade im oft stressigen Berufsalltag nehmen wir uns zu wenig Zeit für gegenseitige Wertschätzung. Schade, denn Wertschätzung für andere kostet nicht viel Zeit, hat aber eine sehr positive Wirkung auf die Teamstimmung und Verbundenheit. Bauen Sie doch einmal im Monat eine Wertschätzungsrunde in Ihre Besprechungen mit ein.

Machen Sie am besten den Anfang. Und nachdem dann alle Mitarbeiter zum Ausdruck bringen konnten, wofür sie wem im Team dankbar sind, starten Sie eine Reflexionsrunde. Lassen Sie jeden kurz reflektieren, wie die Runde auf ihn gewirkt hat und wie er jetzt die Stimmung erlebt.

Probleme lösen mit positiven Fragen

Wenn Sie mit Ihrem Team ein Problem lösen möchten, versuchen Sie es doch einmal mit der sog. Appreciative Inquiry, wie sie von David Cooperrider und Diana Whitney in ihrem Buch »A Positive Revolution in Change« beschrieben wird. Sie ist eine leicht anwendbare Methode, um Probleme zu lösen, indem die positiven Potenziale im Team aktiviert werden. Nachdem Sie das Problem erkannt haben, können Sie mit Ihrem Team folgende Schritte durchlaufen:

1. Formulieren Sie gemeinsam eine offene, positive und prägnante Kernfrage zu dem Problem.

2. Erkunden Sie zu dieser Kernfrage die Potenziale des Teams durch folgende Fragen: Wann sind wir am besten, was dieses Thema anbelangt? Welche Schlüsselfaktoren haben uns dabei geholfen? Aktivieren Sie damit ein Bewusstsein für die Fähigkeiten und Stärken im Team.

3. Entwerfen Sie gemeinsam eine Vision, wie es idealerweise sein könnte, wenn das Problem gelöst wäre (Wenn alles möglich wäre, wie würde die Zukunft idealerweise sein?).

4. Entwickeln Sie daraus, was davon umgesetzt werden soll (Was von dem wollen wir umsetzen und für uns nutzen?).

5. Planen Sie im letzten Schritt, was zukünftig sein wird (Wie gehen wir nun in welchen Schritten vor?, Wer macht was bis wann und wie?).

Aktiv konstruktive Kommunikation

Stellen Sie sich vor, Sie berichten einem Kollegen von einem positiven Erlebnis, z. B. dass Sie eine neue spannende Aufgabe erhalten. Die Art, wie Ihr Kollege darauf reagiert, entscheidet über die Wirkung auf das gemeinsame Kommunikationsklima. Wie viel Interesse und Wertschätzung signalisiert Ihr Gesprächspartner? Ist er ein passiver oder aktiver Zuhörer? Antwortet er konstruktiv oder destruktiv? Es gibt vier Möglichkeiten.

	Antwortmöglichkeit	Beispiel	Auswirkung
1	Passiv konstruktiv	»Das ist ja toll!«	Leichte Verbesserung des Klimas
2	Aktiv konstruktiv	»Klasse, wow, das freut mich für dich! Wie ist es denn dazu gekommen? Erzähl` mal. Und? Wie ist das jetzt für dich?«	Das Gefühl des anderen wird intensiv verstärkt. Das Klima verbessert sich deutlich.
3	Passiv destruktiv	»Mein Tag heute war dagegen echt grausam!«	Leichte Verschlechterung des Klimas
4	Aktiv destruktiv	»Noch freust du dich. Warte mal ab, wenn du an den ersten Meetings teilgenommen hast. Dann wirst du schon sehen, was du davon hast.«	Das positive Gefühl wird ausgebremst. Das Klima verschlechtert sich deutlich.

Wie können Sie Ihr Team dazu veranlassen, dass öfter aktiv konstruktiv kommuniziert wird? Natürlich können Sie Ihren Mitarbeitern dieses Modell vorstellen und sie darüber sprechen lassen, wie aktiv/passiv sie die Art des Zuhörens und wie konstruktiv/destruktiv sie die Antworten im Team erleben. Vor allem aber werden Sie viel erreichen können, wenn Sie als Vorbild mit einer aktiv konstruktiven Kommunikation vorangehen.

> Aktiv konstruktive Kommunikation wird nur dann eine positive Wirkung auf das Klima haben, wenn sie auch wirklich ehrlich gemeint ist und von Herzen kommt. Damit das so ist, sollten Sie auch die anderen hier vorgestellten Grundsätze der Positiven Psychologie leben.

Miteinander sein: die Kraft der Verbundenheit nutzen

Die Vitalität und Innovationskraft eines Unternehmens sind abhängig vom Grad der Verbundenheit zwischen den Mitarbeitern. Auch die Verbundenheit mit Kunden und Lieferanten spielt dabei eine Rolle. Jane Dutton, Professorin an der Michigan Ross School of Business und Expertin für Positive Organizational Scholarship, beschreibt in ihrem Buch »Energize Your Workplace«, wie positiv sich sog. High Quality Connections (HQC), also qualitativ hochwertige Verbindungen zwischen Menschen, auf die Lernbereitschaft, das Energieniveau und das Engagement der Mitarbeiter im Unternehmen auswirken. Wenn gegenseitiges Vertrauen, eine positive Einstellung zueinander, aktive Unterstützung und Wertschätzung ein Unternehmen prägen, dann führt dies zu mehr Lernbereitschaft, Motivation, Loyalität und Wohlbefinden. Die Menschen sind mental gesünder, bringen ihre Stärken selbstbewusster ein und sind resilienter.

Überwiegen jedoch Missgunst, Misstrauen und Missachtung, dann schadet dies dem Unternehmen im Innen- und Außenverhältnis. Jeder ist sich dann selbst der Nächste, wertvolle Informationen und Innovationen werden zurückgehalten und Synergien nicht genutzt. Die Lernbereitschaft sinkt. Viele treten den Rückzug an und machen nur noch Dienst nach Vorschrift. Und natürlich bekommen es auch die Kunden mit, wenn die Kommunikation zwischen Mitarbeitern und Abteilungen schleppend läuft und eher gegeneinander und nicht miteinander gearbeitet wird. Doch wie stärken Sie die Verbundenheit in Ihrem Team? Wie können mehr High Quality Connections entstehen? Vor allem die Qualität der Begegnung und weniger die Frequenz, mit der man sich trifft, ist dafür entscheidend.

Wer bin ich und was ist mir wichtig?

Mit der folgenden Übung, die ich oft in meinen Workshops und Teamentwicklungen durchführe, können Sie eine tiefere Verbindung zwischen den Teammitgliedern herstellen.

Teilen Sie Ihr Team in Dreier- oder Vierergruppen ein. Alle erhalten jeweils die folgende Aufgabe mit dem Ziel, sich noch besser kennenzulernen: Jeder in der Kleingruppe erhält von den anderen Gruppenmitgliedern 5 Minuten ungeteilte Aufmerksamkeit. In dieser Zeit erzählt die Person alles, was ihr in dem Moment einfällt zu den Fragen »Wer bin ich?« und »Was ist mir wichtig?« Es sind während dieser Zeit keine Fragen oder Anmerkungen von den anderen erlaubt. Alle sollen jedoch hundertprozentig präsent sein, also mit ihrer Aufmerksamkeit voll und ganz bei der Person, die gerade an der Reihe ist.

Wenn die Zeit abgelaufen ist, erhält jeder Zuhörer die Gelegenheit, eine Minute lang Feedback zu geben. Die zentralen Fragen dabei sind: Wie habe ich dich erlebt? In welchen Augenblicken waren deine Vitalität, Schaffenskraft oder Leidenschaft für eine Sache besonders präsent? Welche positiven Aspekte sind mir aufgefallen?

Sind alle aus der Gruppe mit ihrem Feedback fertig, darf der Nächste 5 Minuten von sich erzählen.

> Nutzen Sie den Timer Ihres Mobiltelefons, um sicherzustellen, dass jeder die gleiche Zeit zur Verfügung hat.

Nach der Gruppenarbeit kommen alle wieder zusammen. Jeder bekommt in der großen Runde Gelegenheit, die Übung zu reflektieren.

Zentrale Fragen für die Reflexion
▪ Wie geht es mir jetzt?
▪ Was hat die Übung bei mir bewirkt?
▪ Welche positiven Auswirkungen könnte sie für das Team in Zukunft haben?
▪ Welche Qualitäten aus der Übung wünsche ich mir auch für unseren Arbeitsalltag?

Achten Sie bei diesem Review auf die Energie und Gruppendynamik, die daraus entsteht. Wiederholen Sie die Übung nach ein paar Wochen in anderer Gruppenzusammensetzung. Finden Sie heraus, wie sich das Team dadurch entwickelt und welche Art von Ritual sie beibehalten möchten, um die daraus entstandenen Qualitäten im Miteinander und Füreinander beizubehalten und zu vertiefen.

Stärkenfeedback im Team

Kennen Sie das Sprichwort »Eigenlob stinkt«? So mancher von uns ist mit diesem Glaubenssatz aufgewachsen und hat ihn auch als Erwachsener noch verinnerlicht. Die Auswirkungen: Vielen Menschen fällt es schwer, positives Feedback anzunehmen und sich dafür einfach nur zu bedanken. Oft wird das positive Feedback sogar heruntergespielt: »War ja auch nicht so schwer!«, oder: »Da hatte ich auch ziemliches Glück«. Es fällt vielen ebenso schwer, Feedback zu geben, vor allem positives, ehrliches und wertschätzendes Feedback. Es erfordert viel Aufmerksamkeit, eine Portion Mut und natürlich Übung.

Heute ist Feedback in fast allen Unternehmen eine gezielt genutzte Methode zur Weiterentwicklung des Personals. Führungskräfte lernen in Seminaren, wie sie wertschätzendes und förderndes Feedback geben. Vielleicht kennen auch Sie Methoden wie die WWW-Formel. Hier geben Sie Feedback in der Reihenfolge: Wahrnehmung – Wirkung – Wunsch. Damit Führungs- und Fachkräfte Rückmeldungen aus verschiedenen Perspektiven über ihre Leistungen erhalten, werden 360-Grad-Feedbacks eingesetzt. Ziel all dieser Arten des Feedbacks ist es, Mitarbeiter in ihrer Entwicklung zu unterstützen und zu fördern. Leider konzentriert man sich dabei zu oft auf die Bereiche, in denen die Mitarbeiter eine schlechtes Feedback erhalten. Die nur allzu menschliche Tendenz, Negatives stärker zu werten und schneller und intensiver wahrzunehmen, habe ich ja schon mehrmals in diesem TaschenGuide erwähnt. Genau aus diesem Grund führen diese systematischen Feedbackprozesse oft auch zu erheblichen Unsicherheiten bei den »betroffenen« Mitarbeitern. Damit verfehlt die an sich so sinnvolle Maßnahme jedoch leider ihr Ziel. Statt Offenheit, Vertrauen und Produktivitätssteigerungen mit ihr zu erreichen, wird sie zum lästigen Prozess für die Mitarbeiter, die froh sind, wenn er abgeschlossen ist.

Anders verhält es sich mit dem Stärkenfeedback-Team-Prozess. Bei ihm steht das positive Feedback im Fokus. Stärken werden dabei gestärkt und gegenseitige Wertschätzung für das, was jeder einbringt, gefördert. Dies verbessert die Zusammenarbeit und schafft Synergien im Team. Im Prozess erhält jeder Mitarbeiter Feedback zu seinen individuellen Stärken, seinen her-

ausragenden Leistungen und Talenten und auch zu seinem in
Zukunft noch möglichen zusätzlichen Beitrag für das Team und
das Unternehmen (vgl. auch Cameron, 2012).

Jedes Teammitglied ergänzt für jeden anderen im Team die
Aussagen auf einem vorbereiteten Arbeitsblatt.

Vorderseite
Was du alles aus meiner Sicht Wertvolles zum Team beiträgst ist: Folgende Stärken kann ich bei dir immer wieder beobachten: Das ist etwas, was ich an dir bewundere:
Rückseite
Was du aus meiner Sicht in Zukunft tun kannst, damit wir als Team noch wirksamer und erfolgreicher werden: Wie du diesen zusätzlichen Beitrag konkret einbringen könntest:

Diese Form des Stärkenfeedbacks im Team konzentriert sich
also ausschließlich auf positive Beiträge, und zwar auf die
bereits vorhandenen und die zukünftig möglichen. Nach der
Übung sollte eine gemeinsame Reflexionsrunde über die Wirkung dieses Feedbacks stattfinden: Welche positiven Effekte
hat die Übung aus der Sicht der Teammitglieder gehabt? Wie
können wir diese Form des gegenseitigen Feedbacks für uns
in Zukunft nutzen, um unser Team weiter zu fördern, um noch
mehr Vertrauen, Spaß und Wirksamkeit zu erzielen? Diese ziel-
und zukunftsorientierten Fragen fördern den positiven Effekt
und die Nachhaltigkeit der Übung.

Alle sind dabei: gemeinsam erfolgreich

Wann können Sie als Führungskraft mehr erreichen mit Ihrem Team? Wenn Sie vor allem individuelle Ziele mit jedem der Mitarbeiter vereinbaren oder wenn Sie Ziele vereinbaren, in denen es um einen Beitrag jedes Einzelnen für das Team geht?

Die Psychologin Jennifer Crocker von der Ohio State University konnte gemeinsam mit ihren Kollegen nachweisen, dass Ziele, die einen Beitrag für andere beinhalten, eher eine sog. Wachstumsorientierung in Menschen erzeugen. Bei einer solchen Orientierung fragt sich ihr Mitarbeiter, wie er sich weiterentwickeln, wie er seine Stärken einbringen und seine Fähigkeiten ausbauen kann. Leistungsziele, bei denen das Interesse des Einzelnen im Vordergrund steht, erzeugen dagegen eine sog. Leistungsüberprüfungsorientierung. Man stellt sich dann die Fragen: Kann ich das erreichen? Schaffe ich das? Man verfolgt dann egozentrierte Ziele, in denen es um individuelle Leistungen geht.

BEISPIEL

> Wird ein Bonus an das Erreichen eines bestimmten Umsatzzieles geknüpft, ist das ein Leistungsziel. Hier geht es nur um das Interesse eines Einzelnen. Beitragsziele sind hingegen Ziele, bei denen andere Personen im Vordergrund stehen: Ein Mitarbeiter aus dem Innendienst nimmt sich vor, den Außendienst stärker als interner Dienstleister zu unterstützen. Für dieses Ziel überlegt er sich konkrete Vorgehensweisen, wie genau er die Unterstützung in Zukunft verbessern möchte.

Die Forscher konnten nachweisen, dass Individuen mit Beitragszielen signifikant mehr lernen, ein höheres Selbstvertrau-
en entwickeln, mehr unterstützende Beziehungen aufbauen
und weniger depressiv sind als Individuen mit individuellen
Leistungszielen. Leistungsziele motivieren durchaus, gehen jedoch zu Lasten der Beitragsziele.

Vom Ich zum Wir

In Teams, in denen individuelle Leistungsziele stärker im Mittelpunkt stehen als Beitragsziele, wird das Wort Ich häufiger be-
nutzt als das Wort Wir. Natürlich haben auch individuelle Leistungsziele ihre Berechtigung und eine positive Wirkung, jedoch
sollten sie eben nicht die ausschließlichen Ziele sein. Herrschen
sie vor, dann führt das zu einer zu starken Ich-Orientierung und
schwächt damit die gemeinsame Teamleistung. Ob eine Arbeit
als sinnerfüllt und wichtig erlebt wird, hängt davon ab, ob sich
die Teammitglieder auch Ziele setzen, mit denen sie einen
Beitrag für ihr Team und das Unternehmen leisten können. Es
ist also eine wichtige Aufgabe für Sie als Führungskraft, ein
optimales Verhältnis zwischen Beitragszielen und individuellen
Leistungszielen zu finden. Studien weisen darauf hin, dass Beitragsziele überwiegen sollten (vgl. Cameron, 2012), wenn man
eine optimale Potenzialentfaltung erreichen will.

Damit alle in einem Boot sitzen, an einem Strang ziehen, sich
nicht gegenseitig behindern, sondern beflügeln, braucht es als
Grundlage eine gemeinsame Ausrichtung, eine Richtung, in die

sich das Team bewegt, eine Vision von der gemeinsamen Zukunft. Wenn dieses Ziel zudem noch für alle als sinnvoll erlebt wird und den eigenen Werten entspricht, dann kann das Team gemeinsam mehr erreichen.

> Machen Sie es sich zur Gewohnheit, auch Entwicklungsziele für die Zusammenarbeit im Team zu formulieren. Fördern Sie so den Fokus auf das Miteinander und die gegenseitige Unterstützung. Damit steigern Sie das Bewusstsein, dass Sie gemeinsam stärker sind und zusammen mehr erreichen. So schaffen Sie die ideale Grundlage, damit jeder Mitarbeiter seine Stärken mit vollem Engagement einbringt.

Effektiver zusammenarbeiten: Stärken bündeln

Im Kapitel »Stärken erkennen« haben Sie die 24 Charakterstärken kennengelernt, die jeder Mensch in unterschiedlicher Ausprägung besitzt. Wie können Sie nun dieses Wissen in Ihr Team tragen, damit die Teammitglieder auch untereinander noch stärker von ihren unterschiedlichen Talenten profitieren? Auf den folgenden Seiten stelle ich Ihnen einige Teamentwicklungsmaßnahmen vor, die Sie dabei unterstützen. Mit diesen Übungen erzielen Sie gleich mehrere Vorteile:

- Die Teammitglieder lernen sich untereinander noch besser kennen und schätzen.

- Sie kommen mit ihren eigenen Stärken intensiver in Kontakt, so dass sie diese noch (selbst-)bewusster einsetzen können.

- Viele Stärken kommen uns ganz »normal« vor, da deren Einsatz für uns so leicht ist. Andere Teammitglieder bewundern diese Talente jedoch und können dies in den Übungen zum Ausdruck bringen.

- Menschen lernen besonders gut, indem sie sich etwas von anderen abschauen. Dieser oft unbewusste Prozess wird bei den Übungen gezielt genutzt.

- Die Teammitglieder erkennen, welche Stärken sie in Zukunft ausbauen möchten. Daraus entstehen neue Ziele, um die eigenen Potenziale zu entfalten.

Der Stärkenspaziergang

Schritt 1: Die eigenen Stärken finden

Die Teammitglieder erhalten ein Arbeitsblatt, auf dem alle 24 Charakterstärken aufgeführt sind. Jeder bekommt 20 Minuten Zeit, um 5 bis 7 Stärken anzukreuzen, die er im beruflichen Alltag häufig nutzt. Zu jeder dieser Charakterstärken notiert er in Stichworten eine typische Situation.

> Das Arbeitsblatt finden Sie auf der »Arbeitshilfen online«-Seite zu diesem TaschenGuide, in der Rubrik »Soft Skills«, www.haufe.de/arbeitshilfen; Buchcode TGA-HL12).

Schritt 2: Die Stärken der Kollegen entdecken

In den nächsten ca. 20 Minuten hält jeder auf einem zweiten Stärken-Arbeitsblatt für jeden seiner Kollegen 2 bis 3 Charakterstärken fest, die er bei ihm immer wieder im Alltag wahrnehmen kann. Auch hier ist es sinnvoll, jeweils eine typische Situation zu beschreiben, in der sich die Stärke zeigt.

Schritt 3: Raus in die Natur

Nun folgt das Herzstück dieser Teamentwicklungsübung. Jedes Teammitglied macht mit jeder Person aus dem Team einen 6-minütigen Spaziergang in der Natur. Dabei erhält jeder vom anderen ein 3-minütiges Stärkenfeedback. Jeder beschreibt dem anderen, welche Stärken man in welchen Situationen bei dem Kollegen erlebt. Es hat sich in der Praxis bewährt, wenn das Duo nach den ersten 3 Minuten einfach wieder den zuvor genommenen Weg zum Ausgangspunkt zurückgeht. Es ist sinnvoll, dabei den Timer eines Smartphones zu nutzen, damit keine Wartezeiten entstehen. Am Ausgangspunkt finden sich neue Zweierteams. Diese Wechsel finden so lange statt, bis jeder mit jedem Teammitglied einen Stärkenspaziergang unternommen hat. Die Koordination der Wechsel wird zum Ende hin anspruchsvoller.

Es ist interessant, die positive Wirkung der Übung in den Gesichtern wahrzunehmen und auch die Veränderung der Stimmung in der Gruppe zu erleben. Vor allem, wenn es zuvor im Team einen eher konfliktbeladenen Negativfokus gegeben hat.

Schritt 4: Die Auswertung

In Schritt 4 können die Teammitglieder die Übung Revue passieren lassen. Hier eine Auswahl an Fragen für die Reflexion: Wie habe ich die Übung erlebt? Was hat sie bei mir ausgelöst? Welche positiven Impulse habe ich bekommen? Welche meiner selbst aufgeschriebenen Stärken aus Schritt 1 haben meine Kollegen mir widergespiegelt? Welches Stärkenfeedback war überraschend für mich? Wie hat sich der Kontakt zu den Kollegen verändert? Welche Ideen sind entstanden, die uns als Team für die Zukunft noch stärker machen?

Schritt 5: Die Ziele

Nun werden gemeinsam positive Ziele für die Zukunft formuliert und schriftlich festgehalten. Zu den Zielen vereinbaren Sie entsprechende Verhaltensweisen und Maßnahmen. Die positiven Unterschiede, die sich daraus mit der Zeit im Team ergeben und sich im Alltag zeigen werden, sollten Sie auf den nächsten Teammeetings besprechen. So fördern Sie die Nachhaltigkeit in der Umsetzung bei allen im Team.

Die Flow-Story

Wer seine Stärken einsetzt, kommt leichter in den Flow, also in einen Zustand, in dem man völlig in der Tätigkeit aufgeht, seine Potenziale entfaltet und wirkliche Arbeitsfreude erlebt (siehe hierzu auch Kap. »Volle Kraft voraus: den Flow fördern). Wie wäre es, wenn Sie Ihre Mitarbeiter dazu anleiten könnten, dass alle im Team dies immer öfter erleben? Welche Rahmenbedingungen benötigt jeder Einzelne dafür? Was hilft ihm, in den Flow zu kommen und diesen Zustand aufrechtzuerhalten? Die Antworten auf diese Fragen können nur Ihre Mitarbeiter selbst herausfinden. Ein Patentrezept für den Flow gibt es nicht. Geben Sie Ihren Mitarbeitern Zeit, genau dies gemeinsam zu entdecken. Dabei hilft die folgende Übung. Sie steigert das Bewusstsein der Teammitglieder für den Flow-Zustand und vor allem für die Voraussetzungen, die das Team und jeder Einzelne schaffen sollte, damit Flow möglichst oft passieren kann.

Übung: Meine Flow-Story der Woche

- Setzen Sie das Thema Flow in den kommenden Meetings regelmäßig auf die Agenda.

- Lassen Sie zu Beginn der Sitzung jeden Mitarbeiter seine Flow-Story der letzten Woche erzählen.

- Fragen Sie die Mitarbeiter dann: Welche ihrer Stärken haben sie dazu genutzt? Was war hilfreich und unterstützend, um in den Flow zu kommen? Schreiben Sie diese Fragen auf ein Flipchart, damit sie jeder vor Augen hat.

Mit dieser Übung erzielen Sie gleich mehrere positive Effekte:

1. Sie starten positiv in Ihr Meeting. Die positive Energie, die das Erzählen über den Flow erzeugt, fördert eine ziel- und lösungsorientierte Kommunikation bei den Mitarbeitern.

2. Flow-Storys schalten bei uns allen das Kopfkino an. Wir gehen mental mit und erhalten Anregungen für den Einsatz unserer eigenen Stärken. Jedes Teammitglied wird für uns so zum Vorbild und weckt eigene Assoziationen dafür, wie wir für uns die

optimalen Voraussetzungen schaffen, um selbst immer wieder mühelos im Flow Höchstleistungen zu erbringen.

Sicher werden Sie auch Verhaltensweisen im Team entdecken, die es verhindern, in den Flow zu kommen, oder ihn unterbrechen. Finden Sie dafür kreative Lösungen und schaffen Sie Rahmenbedingungen, die den Flow fördern.

BEISPIEL

Kann ein Arbeiter, der den ganzen Tag Fisch filetiert, im Flow sein? Der Psychologe Mihály Csíkszentmihályi befragte im Rahmen seiner Forschungen auch einen Mitarbeiter, dessen Aufgabe es war, Lachs aufzuschneiden. Erstaunlicherweise war auch er häufig im Flow. So sah dieser Mitarbeiter seine Arbeit: »Jeder Tag ist für mich eine neue Herausforderung. Jeden Tag versuche ich weniger Schnitte und bessere, gleichmäßigere, gleichgroße Schnitte zu machen. Versuche möglichst wenig Reste übrig zu lassen«.

Die Team-Stärkenlandkarte

Mit der sog. Stärkenlandkarte können Sie dafür sorgen, dass die Teammitglieder ihre Stärken bündeln und gemeinsam zu Gunsten des Teams nutzbar machen, z. B. für das nächste Projekt, das ansteht. Jedes Teammitglied kann dafür ein Foto von sich am Arbeitsplatz ausdrucken und mitbringen. Sie können auch Namenskärtchen für jeden Mitarbeiter vorbereiten. Die Fotos bzw. Kärtchen werden an einer Pinnwand, an einer Wand im Besprechungsraum oder auch auf dem Boden platziert. Geben Sie Ihren Mitarbeitern die Gelegenheit, die Fotos so anzuordnen, dass es für sie stimmig ist, dass sich eine aussagekräftige Landkarte zum Team ergibt. Gemeinsam ordnen alle nun jedem Mitarbeiter auf der Landkarte seine 4 bis 5 wichtigsten Stärken zu. Dazu werden kleine Kärtchen mit der Stärke oder auch Symbolen dafür beschrieben und unter das Foto bzw. den Namen des jeweiligen Mitarbeiters geheftet. Je kreativer dieser Prozess abläuft und je mehr gegenseitige Unterstützung stattfindet, desto besser.

Machen Sie im Anschluss an die Gestaltung der Stärkenlandkarte eine Reflexionsrunde. Jeder kann in dieser Runde mitteilen, wie er den Gestaltungsprozess erlebt hat und wie das Team in Zukunft davon profitieren könnte.

Im letzten Schritt stellen Sie den Bezug zwischen der Landkarte und einem aktuellen Projekt her. Fragen Sie Ihr Team: Wie könnten wir das Wissen über unsere Stärkenlandkarte bei dem Projekt X erfolgreich nutzen?

Mit Stärken Konflikte im Team lösen

Nicht immer geht es in einem Team harmonisch zu. Hin und wieder entstehen Konflikte. Manche werden offen ausgetragen, andere schwelen unter der Oberfläche. Konflikte kosten Energie. Das Team ist nicht mehr so produktiv, Missverständnisse häufen sich, Informationen werden möglicherweise zurückgehalten. Je eher Sie den Konflikt erkennen, desto leichter wird es sein, diesen zu lösen. Oft lassen sich Führungskräfte mit in den Konflikt hineinziehen. Sie ergreifen Partei für die eine Seite oder werden gebeten, ein Machtwort zu sprechen. Die Führungskraft gerät dann in die Rolle des Richters, der »Recht« sprechen und verurteilen soll. Und das ist eine Rolle, bei der man als Führungskraft nur verlieren kann. Auswege aus Konflikten bietet die Positive Psychologie, die den Fokus auf den positiven Unterschied lenkt und damit verhärtete Fronten aufbrechen kann. Um das zu bewerkstelligen, gehen Sie am besten so vor:

1. Rufen Sie alle Beteiligten zusammen und schildern Sie ihnen Ihre Wahrnehmung zu dem Konflikt. Bekräftigen Sie dabei Ihren Wunsch, dass der Konflikt gelöst wird.

2. Nun läuft ein Konflikt nicht jeden Tag in der gleichen Intensität ab. Es gibt sicher auch Tage, an denen es ganz gut mit der Zusammenarbeit klappt. Fragen Sie genau nach: Was ist an diesen »positiveren« Tagen anders? Was ist der positive Unterschied? Wieso ist es dann nicht so schlimm? Warum schaffen es die Mitarbeiter an diesen Tagen besser miteinander klar zu kommen? Wie könnte das, was hilfreich ist, in Zukunft noch mehr, häufiger, intensiver genutzt werden?

3. Welche seiner persönlichen Stärken könnte jeder in diesem Konflikt aktivieren, um zu einer gemeinsamen Lösung beizutragen? Geben Sie an dieser Stelle des Meetings jedem die Gelegenheit, darüber einige Minuten zu sprechen. Visualisieren Sie die Ideen z. B. auf einem Flipchart.

4. Geben Sie zum Abschluss Ihren Mitarbeitern die Gelegenheit, eine Vereinbarung für die Zukunft zu treffen. Halten Sie sie schriftlich fest. Wenn Sie möchten, können Sie diesen »Frie-

densvertrag« von allen Beteiligten auch noch unterschreiben lassen.

Wenn Sie den Fokus auf den positiven Unterschied (Wann läuft es weniger schlecht?) setzen, lenken Sie die Aufmerksamkeit der Betroffenen auf die positive Abweichung. Sie verändern damit das Konfliktmuster. Zusätzlich erleichtert die Stärkenorientierung Ihren Mitarbeitern eine lösungsorientierte Sicht auf den Konflikt. Die Aktivierung der persönlichen Stärken verändert zusätzlich den aktuellen emotionalen Zustand der Beteiligten. Sie eröffnet damit zusätzlich neue Sichtweisen und Impulse für den Wechsel von einem Problem- in einen Lösungszustand.

Auf einen Blick: Starke Teams

- Nur ein Team, in dem überwiegend positiv kommuniziert wird, hat auf Dauer Erfolg. Das zeigt, wie wichtig es ist, eine wertschätzende, konstruktive und lösungsorientierte Kommunikationskultur zu entwickeln.

- Gegenseitiges Vertrauen, eine positive Einstellung zueinander, aktive Unterstützung und Wertschätzung führen zu mehr Lernbereitschaft, Motivation, Loyalität und Wohlbefinden bei den Mitarbeitern im Team.

- Damit alle an einem Strang ziehen und sich gegenseitig beflügeln, ist ein gemeinsames Ziel notwendig, mit dem sich alle identifizieren können und das ihrer Arbeit Sinn gibt.

- In erfolgreichen Teams kennt, nutzt und fördert man gezielt die Stärken des Einzelnen. Man bündelt sie zu einem großen Ganzen.

Positiv in die Zukunft

Viele gute Ideen gehen im Alltagstrott verloren. Es sei denn, wir machen sie uns zur Gewohnheit. Das funktioniert, indem wir Routinen und Rituale schaffen. Sie verankern das Neue dauerhaft in unserem Leben. Genauso können Sie auch die Grundsätze der Positiven Psychologie dauerhaft in Ihren Berufsalltag integrieren.

In diesem Kapitel erfahren Sie,

- wie Sie Ihre Mitarbeiter dabei unterstützen, den positiven Kurs beizubehalten,

- wie Sie sich ein persönliches Entwicklungsprogramm schaffen,

- wie Sie das Positive nachhaltig in Ihrem Unternehmen oder Team umsetzen.

Mitarbeiter begleiten mit Entwicklungsgesprächen

Der Psychologe Kim Cameron, Professor und ein aktiver Forscher im Bereich Positive Organizational Scholarship beschreibt in seinem Buch »Positive Leadership« ein Personal Management Interview Programm. Es besteht aus strukturierten Gesprächen zwischen Führungskraft und Mitarbeitern. Sie werden als PMI bezeichnet: Personal Management Interviews. Mithilfe des Programms können laut Cameron die vier Hauptstrategien des positiven Führens umgesetzt werden.

1. Ein positives Klima schaffen.

2. Positive Beziehungen aufbauen.

3. Positive Kommunikation verbessern.

4. Positiven Sinn vermitteln.

Studien bestätigten die Wirksamkeit der Führungsgespräche. Das Mitarbeiterengagement verbessert sich dadurch und die Arbeitsleistung steigt (vgl. Goodman/Boss, 2002).

Positives Führen, im Englischen als Positive Leadership bezeichnet, bedeutet nicht, einfach nur zu loben, zu lächeln, für Harmonie im Team zu sorgen und Probleme nicht mehr anzusprechen. Es geht also nicht darum, um jeden Preis eitel Sonnenschein im Team zu bewahren und jeden zu schonen. Positive Leadership führt sogar ganz im Gegenteil zu höheren Erwartungen, klareren Standards und oft zu mehr Leistung der Mitarbeiter, als dies die herkömmlichen Führungsprinzipien vermögen. Der Prozess des Umdenkens, hin zum Positiven und weg vom Negativen, hin zur Lösungsorientierung und weg vom Problemfokus, hin zum Miteinander und weg vom Gegeneinander, ist jedoch kein leichter. Es braucht eine gehörige Portion Mut und Durchhaltevermögen von Seiten der Führungskraft, damit Veränderungen auch wirklich nachhaltig sind. Sie werden dafür jedoch reichlich belohnt. Sie erzeugen bei sich und Ihren Mitarbeitern physiologische, kognitive, emotionale, soziale und leistungsorientierte Vorteile. Sie haben gesündere, zufriedenere und produktivere Mitarbeiter (vgl. Cameron, 2012).

Das Personal Management Interview Programm wird in zwei Schritten vollzogen. Der erste Schritt besteht aus einem Gespräch, um die Rollen und gegenseitigen Erwartungen zu klären. Im Anschluss daran finden regelmäßige monatliche Gespräche zwischen Ihnen und dem Mitarbeiter statt, um gemeinsam den Wachstums- und Entwicklungsprozess in Gang zu halten.

Schritt 1: Die Rolle klären

Die wenigsten Mitarbeiter wissen genau, was von ihnen erwartet wird, nach welchen Kriterien sie bewertet werden, in welchem Rahmen sie Entscheidungen treffen können, welche Ressourcen sie nutzen dürfen. Es herrscht also oft Unsicherheit über die eigene Rolle. Auch die Vision, die Strategie und die Ziele und Werte der Organisation sind vielen nicht klar. Für Sie als Führungskraft ist dies der ideale Einstieg, um Ihren Weiter-entwicklungsweg für sich und Ihr Team zu starten.

Folgende Punkte sollten laut Kim Cameron im Klärungsge-spräch Thema sein:

- Mission, Ziele und Werte der Organisation
- Wie Sie sich die Zusammenarbeit vorstellen
- Entscheidungsspielräume des Mitarbeiters
- Ihre Erwartungen an den Mitarbeiter
- Ihre Ergebniserwartung
- Beurteilungskriterien
- Verantwortlichkeiten
- Incentive- und Bonussysteme
- Nicht verhandelbare Themen

Halten Sie die besprochenen Inhalte und Vereinbarungen schriftlich fest. Informieren Sie auch die Personen und Abtei-lungen, die von diesen Vereinbarungen wissen müssen.

Es ist wichtig, dass Sie die vier Strategien der positiven Führung im Gespräch berücksichtigen:

1. Schaffen Sie ein positives Klima.

2. Bauen Sie eine positive Beziehung auf bzw. vertiefen Sie diese.

3. Kommunizieren Sie positiv – die positiven Botschaften sollten die negativen deutlich überwiegen.

4. Berücksichtigen Sie die positive Bedeutung und den Beitrag der Tätigkeit zum großen Ganzen, um Sinn für den Mitarbeiter zu stiften.

Schritt 2: Entwicklungsgespräche

Der intensive persönliche Austausch zwischen Führungskraft und Mitarbeiter in regelmäßigen Entwicklungsgesprächen bildet den Kern der PMI. Gespräche, die nebenbei in Meetings oder bei Gelegenheit auf dem Flur geführt werden, können diese Vier-Augengespräche nicht ersetzen. Empfehlungen lauten, sie mindestens einmal im Monat zu führen. Je nach Dynamik des Arbeitsfelds kann es jedoch auch sinnvoll sein, sich öfter zu einem Entwicklungsgespräch zu treffen. Entscheidend ist Regelmäßigkeit, um gemeinsam für Nachhaltigkeit in der Entwicklung zu sorgen und die Zusammenarbeit so zu stärken.

Ein PMI ist kein offizielles Zielvereinbarungsgespräch, in dem Zahlen kontrolliert werden und Sie als Vorgesetzter agieren. Es ist ein vertrauensvolles und offenes Gespräch auf Augenhöhe, in dem Sie beide Raum und Zeit haben, um Ihre Verbundenheit zu stärken und die Zusammenarbeit zu verbessern. Sie reflektieren die positiven Erlebnisse, Erfolge und Fortschritte und entwickeln Ideen für weiteres Wachstum sowohl auf persönlicher Ebene als auch, was die Tätigkeit und den Beitrag für das Unternehmen, die Abteilung angeht. Für Themen, die noch nicht so laufen, finden Sie gemeinsam Lösungen. Die PMI haben vor allem den Sinn, Stärken zu aktivieren und das gemeinsame Potenzial zu entfalten. Nicht nur der Mitarbeiter profitiert und erhält wichtige Informationen und Unterstützung. Auch Sie als Führungskraft bekommen in einem PMI wertvolle Impulse für Ihre eigene Entwicklung.

> Die sehr persönlich gestalteten PMI ersetzen nicht die in vielen Unternehmen formal eingeführten Beurteilungsgespräche. Sie ergänzen sie.

Vereinbaren Sie konkrete Ziele und nächste Schritte in diesen regelmäßigen Gesprächen. Sprechen Sie über den positiven Unterschied und die erzielte Wirksamkeitssteigerung. Im Rahmen von Positive Leadership fokussieren Sie auf die Stärken, Potenziale, Verbesserungen, Entwicklungen und die daraus entstehenden positiven Abweichungen. Die Fragen in den PMI lauten also nicht: »Wie sind die Zahlen? Wo müssen wir noch etwas tun? Warum läuft es hier nicht?«, sondern: »Was funktioniert? Was können wir noch verbessern? Wie können wir unsere Stärken dabei nutzen? Wer kann sich worin einbringen? Wovon machen wir in Zukunft mehr?«

Checkliste: PMI (Dauer: ca. 45 bis 60 Minuten)

- Raum und Zeit für ungeteilte Aufmerksamkeit schaffen
- Reflexion und Feedback zu den gemeinsam festgelegten Entwicklungsschritten (Fokus auf dem positiven Unterschied)
- Gemeinsam Lösungen für aktuelle Herausforderungen entwickeln
- Weiterentwicklungsideen für die Zukunft finden
- Aktuelle Informationen austauschen
- Stärkeneinsatz und -ausbau, geeignete Trainingsmaßnahmen erkennen
- Ressourcen und Rahmenbedingungen abstimmen
- Karriereentwicklung
- Persönliche Themen
- 360-Grad-Feedback zur Zusammenarbeit
- Fokusthemen, Entwicklungsziele und konkrete Maßnahmen bis zum nächsten Mal

Ihr persönliches Entwicklungsprogramm

Starten Sie noch heute mit dem Umdenken, verschieben Sie es nicht auf morgen. Der folgende Leitfaden wird Ihnen dabei helfen:

1. Bestimmen Sie Ihren Status quo.

   – Wie ist die Arbeitszufriedenheit meiner Mitarbeiter? Wie stark bringt sich jeder ein?

- Wie gut arbeitet das Team zusammen? Wie stark bündeln wir bereits unsere Stärken und setzen sie auch zielgerichtet ein?

- Wie ist mein Führungsstil zurzeit? Wie zufrieden sind meine Mitarbeiter mit mir?

2. Formulieren Sie Ihr Ziel: Formulieren Sie es positiv: ohne Verneinung, ohne Vergleich.

3. Behalten Sie die anderen Ziele im Auge: Das Ziel sollte nicht in Konflikt mit anderen Ihrer Ziele stehen.

4. Visualisieren Sie Ihr Ziel: Sie brauchen einen konkreten Zielfilm. Je genauer der Film vor Ihrem inneren Auge ist, desto schneller werden Sie die neue Gewohnheit bilden können und Ihre Stärken in der jeweiligen Situation abrufen. Stellen Sie sich vor, wie es ist, am Ziel zu sein. Wie genau läuft z. B. ein Tag in Ihrem Leben ab, wenn Sie Ihr Ziel erreicht haben? Was werden Sie erleben, was werden Sie sehen, wer sagt was, wie werden Sie sich verhalten und wie werden Sie sich fühlen an diesem Tag? Visualisieren Sie den Weg zum Ziel – wie ein Abfahrtsläufer, der vor dem eigentlichen Wettkampf immer wieder mental seine Strecke erfolgreich abfährt und unten mit der Bestzeit ins Ziel kommt.

5. Das Ziel sollte zu Ihnen passen: Es sollte zu Ihren Stärken und Rahmenbedingungen passen. Wenn Sie sich zu viel vornehmen bzw. das Ziel nicht realistisch für Sie als Individuum ist, dann wird Frust die Folge sein. Sie werden dann schnell in alte Gewohnheiten zurückfallen.

6. Es sollte bedeutsam sein: Ist das Ziel ein Schritt hin zu einem größeren Lebensziel? Hilft es Ihnen, Ihren Job mehr als Berufung zu erleben und würde Sie die Zielerreichung zufriedener, erfüllter machen?

7. Teilen Sie Ihr Ziel in kleine Portionen auf: Teilen Sie Ihr Ziel in machbare Schritte auf. Sonst sucht Sie der sog. Sylvestereffekt heim: Wir nehmen uns zu viel auf einmal vor und lassen es dann doch schnell wieder ganz sein.

8. Finden Sie für jeden Teilschritt genau die Stärken, die Ihnen bei der Umsetzung helfen. Schreiben Sie Ihre Stärken zu den Teilschritten dazu und finden Sie Wege, wie Sie die Stärken im Alltag aktivieren wollen.

9. Bleiben Sie konsequent: Stärken Sie Ihren Disziplinmuskel, indem Sie kontinuierlich Ihren geplanten Weg weitergehen. Holen Sie sich regelmäßig Feedback von anderen und sammeln Sie täglich die positiven Auswirkungen, die das auf Sie selbst, Ihre Mitarbeiter, Ihre Vorgesetzten hat. Notieren Sie die konkret messbaren Ergebnisse. Bedenken Sie: Entwicklungsziele sind weiche Ziele und nur subjektiv messbar. Daher benötigen Sie konkret wahrnehmbare Belege für (Teil-)Erfolge.

Skizzieren Sie Ihr persönliches Entwicklungsprogramm.

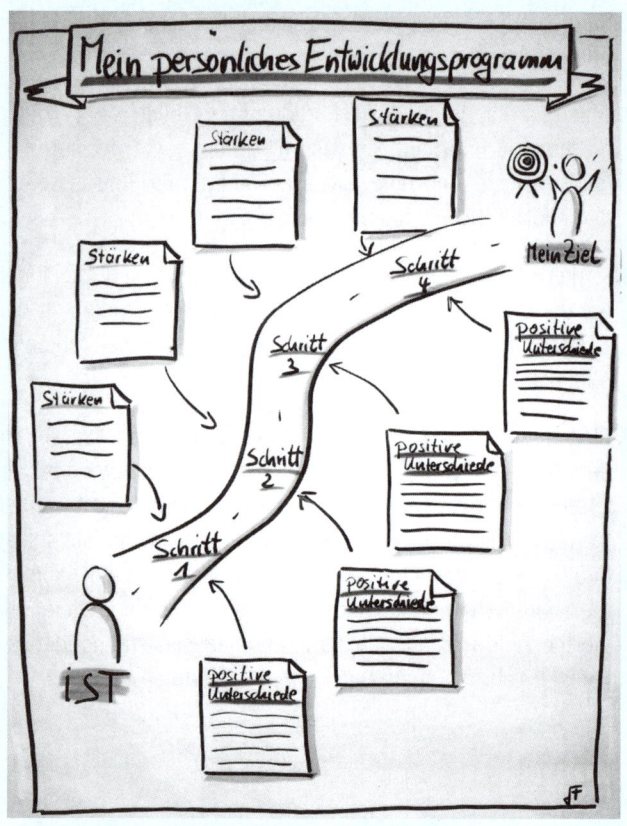

Mein Entwicklungsprogramm

Suchen Sie sich einen Sparringspartner, mit dem Sie sich gemeinsam auf Ihren Weg begeben. Der Austausch z. B. mit einem Kollegen kann sehr wertvoll sein und den eigenen Blick auf die Situation schärfen.

Bleiben Sie am Ball!

Ihr im persönlichen Entwicklungsprogramm vorgezeichneter klar strukturierter Weg mit den umsetzbaren Teilschritten wird Ihnen bereits gute Dienste leisten, um wirklich am Ball zu bleiben. Doch was machen Sie, nachdem Sie das Ziel erreicht haben? Ist der Wandel dann vollzogen? Kann alles ab diesem Punkt so bleiben, wie es ist? Nein, natürlich nicht! Wandel gehört zu unserem Leben dazu. Alles entwickelt sich weiter. Stillstand finden wir nicht in der Natur und auch nicht bei uns selbst, unserem Team, den Unternehmen oder der Wirtschaft. Zudem ist die Entwicklung nicht wirklich vorhersehbar. Wir können zwar Prognosen anstellen, aber wirklich sicher können wir nicht sein. Sicher kommt es eben doch anders, als wir denken. Wir leben in und mit komplexen Systemen, beeinflusst von so vielen Faktoren, dass deren Funktion und Wirkweise nicht wie bei einer Maschine kontrollierbar oder vorhersehbar ist.

Wenn wir das akzeptieren und uns auf die positiven Abweichungen fokussieren, dann können wir uns schnell und flexibel auf alles Neue und Überraschende einstellen. Mit Neugier, Spaß und Lernbereitschaft kann sogar genau das einen Teil unserer Lebensfreude ausmachen.

Literatur

Avey/Reichard/Luthans/Mhatre (2011). Meta-analysis of the impact of positive psychological capital on employee attitudes, behaviors and performance. *Human Resource Development Quarterly 22 (2), pp. 127-152.*

Blickhan (2015). Positive Psychologie: Ein Handbuch für die Praxis. *Junfermann Verlag.*

Cameron (2012). Positive Leadership: Strategies for extraordinary performance. *Berret-Koehler Publishers.*

Cameron/Dutton (2003). Positive Organizational Scholarship, *Berrett-Koehler Publishers.*

Crim/Seijts (2006). What Engages Employees the Most OR, the Ten Cs of Employee Engagement. *Ivey Business Journal, Issue March/April 2006.*

Fredrickson/Mancuso/Branigan/Tugade (2000). The Undoing Effect of Positive Emotions. *Motivation and Emotion 24(4): pp. 237-258.*

Luthans/Avolio/Avey/Norman (2007). Positive Psychological Capital: Measurement and Relationship with Performance and Satisfaction. *Personnel Psychology 60, pp. 541-572.*

Quinn/Dutton/Spreitzer (2003). Reflected best self exercise. Center for Positive Organizational Scholarship, Ross School of Business, University of Michigan.

Seligman/Steen/Park/Peterson (2005). Positive psychology in progress. Empirical validation of interventions. *American Psychologist, 60, pp. 410-421.*

Stichwortverzeichnis

Impressum

Bibliografische Information der Deutschen Nationalbibliothek
Die Deutsche Nationalbibliothek verzeichnet diese Publikation in der Deutschen
Nationalbibliografie; detaillierte bibliografische Daten sind im Internet über
http://dnb.dnb.de abrufbar.

Print: ISBN: 978-3-648-08063-4   Bestell-Nr.: 10720-0001
ePub: ISBN: 978-3-648-08064-1   Bestell-Nr.: 10720-0100
ePDF: ISBN: 978-3-648-08065-8   Bestell-Nr.: 10720-0150

Jörg Feuerborn
Positive Psychologie
1. Auflage 2016, Freiburg

© 2016, Haufe-Lexware GmbH & Co. KG, Munzinger Straße 9, 79111 Freiburg
Redaktionsanschrift: Fraunhoferstraße 5, 82152 Planegg/München
Telefon: (089) 895 17-0
Telefax: (089) 895 17-290
Internet: www.haufe.de
E-Mail: online@haufe.de
Redaktion: Jürgen Fischer
Redaktionsassistenz: Christine Rüber

Konzeption, Realisation und Lektorat: Nicole Jähnichen, www.textundwerk.de
Satz und Druck: Beltz Bad Langensalza GmbH, 99947 Bad Langensalza
Umschlag: Kienle gestaltet, Stuttgart

Der Autor

Jörg Feuerborn
Nach einer Ausbildung in der Industrie und dem Studium der Wirtschaftswissenschaften sammelte Jörg Feuerborn in internationalen Konzernen Erfahrungen im Vertrieb und in der Personalentwicklung. Seit 1998 ist er als Trainer und Coach selbstständig und begleitet Vertriebsspezialisten und Führungskräfte verschiedener Branchen. Unternehmen wie die TUI AG oder der ADAC zählen zu seinen langjährigen Kunden. Menschen und Teams dabei zu begleiten, ihre Potenziale zu entfalten, ist seine Berufung. Auf seinem Seminarhof in der Bremer Schweiz hat er dafür den idealen Rahmen geschaffen. Er ist Certified Professional of Positive Psychology (www.Dach-PP.eu) und Spezialist für Business NLP.

Weitere Literatur

»Achtsamkeit in Beruf und Alltag«, von Svea von Hehn und Arist von Hehn, 128 Seiten, EUR 7,95, ISBN: 978-3-648-07132-8, Bestell-Nr.: 10713

»Resilienz«, von Ella Gabriele Amann, 128 Seiten, EUR 7,95, ISBN: 978-3-648-05704-9, Bestell-Nr.: 10703